La Clairière

MAURICE DONNAY ET LUCIEN DESCAVES

La Clairière

Comédie en cinq actes, en prose

TROISIÈME MILLE

PARIS

ÉDITIONS DE LA REVUE BLANCHE

23, BOULEVARD DES ITALIENS, 23

1900

LA CLAIRIÈRE

PIÈCE EN CINQ ACTES

Représentée pour la première fois sur le Théâtre-Antoine,
le 6 avril 1900.

PERSONNAGES

Eugène Rouffieu, ouvrier tailleur.	MM. Antoine.
Le docteur Alleyras............	Dumény.
M. Alleyras, son père..........	Noizeux.
Collonges, ouvrier ébéniste......	Gémier.
Aristide Verdier, imprimeur....	Arquillière.
Le père Nu-Tête...............	Janvier.
Bougoin, dit Délicat, cordonnier.	Degeorge.
Poulot¹, dit Capoul, peintre décorateur......................	Favre et Desfontaines.
Ménessier, serrurier...........	Saverne.
Beau, tisseur.................	Séruzier.
Testud, cultivateur...........	Jarrier.
Hélène Souricet, institutrice.....	Mˡˡᵉˢ Suzanne Desprès.
Jeanne Alleyras...............	Mellot.
Rose, vieille domestique........	Barny.
Adèle Rouffieu...............	Eugénie Nau.
Mᵐᵉ Ménessier...............	G. Fleury.
Mᵐᵉ Beau....................	Ellen Andrée.
Mᵐᵉ Testud.................	Barsange.
Un apprenti.................	Marley.
Le petit Rouffieu...........	
Le petit Testud.............	

Personnages muets, communistes figurant seulement au 4ᵉ acte, à la réunion du Conseil de famille, et qui sont deux cultivateurs, un maçon, un charpentier et un bonnetier, avec leurs femmes.

1. Personnage dédoublé.

LA CLAIRIÈRE

ACTE PREMIER

De nos jours, à Villiers-sur-Eure. Le cabinet de consultation du docteur Jean Alleyras. Mobilier très simple ; grande bibliothèque, table-bureau, fauteuil mécanique, porte à gauche par où l'on entre du dehors, porte au fond conduisant aux appartements.

SCÈNE PREMIÈRE

LE DOCTEUR, JEANNE, ROSE (*Au lever du rideau, le docteur Alleyras et Jeanne sont assis et causent*).

LE DOCTEUR (*à Rose qui apporte du café*).

Est-ce qu'il y a déjà du monde pour la consultation ?

ROSE

Non, monsieur, il n'y a encore personne.

JEANNE (*tendrement*).

Tant mieux, je pourrai rester un peu avec toi ; d'ailleurs, il n'est qu'une heure et demie. Rose, passez-moi donc *L'Éclaireur*. (*Rose va prendre un journal sur le bureau.*) C'est bien celui d'aujour-d'hui ?

ROSE

Je pense... je n'en sais rien, moi.

JEANNE

Vous n'en savez rien, vous n'en savez rien... Vous n'avez qu'à regarder... Qu'y a-t-il d'écrit ?

ROSE (*tout en apportant le journal*).

Il y a 20 floréal... an... an (*elle épèle*). C... I...

JEANNE

Oui, c'est celui-là, 20 floréal. Rose ne se mettra jamais dans la tête le calendrier républicain... n'est-ce pas, Rose ?

ROSE

Je connais le calendrier des chrétiens et je sais que nous sommes aujourd'hui le **27** juin... ça me suffit.

LE DOCTEUR

Soyez tranquille, ma bonne Rose, le journal du sieur Aristide Verdier n'a de révolutionnaire que la manchette.

ROSE

La manchette !... Ah ! ben, c'est du linge propre !
(*Elle sort, en bougonnant, par la porte de gauche.*)

JEANNE (*versant le café*).

En tout cas, il n'est pas nécessaire que le nom de Verdier y soit, dans la manchette, pour qu'on sache que le journal lui appartient.

LE DOCTEUR

Comment ça ?

JEANNE

L'Éclaireur nous tient soigneusement au courant de tous les faits et gestes de la famille Verdier.

LE DOCTEUR

Oh ! de tous, c'est peut-être beaucoup dire.

JEANNE

Écoute plutôt. (*Elle lit*) : « Nous sommes heu-
» reux d'apprendre que M. Raymond Verdier, le
» fils du dévoué conseiller municipal de Villiers-
» sur-Eure, va entreprendre un long voyage à
» l'étranger pour faire une série d'études sur les
» législations comparées. »

LE DOCTEUR

Eh bien! mais c'est très intéressant... pour lui...
Bon voyage !

JEANNE

Verdier veut donc faire de son fils un juriscon-
sulte ?

LE DOCTEUR

Pourquoi pas? Cet ancien ouvrier typographe, fils de ses œuvres, a beaucoup d'ambition pour son héritier. Il l'a mis au lycée avec les enfants des meilleures familles du pays... S'il avait osé, il l'aurait fait élever dans un établissement religieux, parce que c'est plus chic...

JEANNE

Les électeurs se seraient alarmés ; pense donc, le fils d'un conseiller municipal républicain !...

JEAN

Radical, socialiste, indépendant.

JEANNE

Car il est tout cela.

LE DOCTEUR

Farouchement.

JEANNE

Cela ne s'accorde pas très bien avec l'ambition qu'il a pour son fils.

LE DOCTEUR

Mais si... Verdier, à la tête aujourd'hui d'une importante imprimerie, est un parvenu d'une espèce particulière, le parvenu intermittent. Quand il s'adresse aux prolétaires, il se souvient de la bassesse de son extraction... et sait l'exploiter. Alors, il ne saurait être parti de trop bas : il se vante... il exagère ; mais il rachète cette tare, aux yeux de la bourgeoisie, par l'éducation qu'il a fait donner à son fils ; il l'a déclassé de la façon la plus flatteuse pour ces gens-là. Il a ainsi un pied dans chaque camp, mais le pied gauche est chaussé du sabot et le pied droit porte bottine ; ajoute à cela que, grâce à son imprimerie qui lui fournit des moyens d'action et de pression décisifs, il a autant d'influence sur la bourgeoisie de Villiers que sur la population ouvrière.

JEANNE

Alors, c'est un personnage considérable !

LE DOCTEUR

Verdier ? Mais grâce à son journal *L'Éclaireur*, c'est un petit Cromwel d'arrondissement : il fait les députés, il les défait, il les refait même. Ah ! je ne voudrais pas le rencontrer au coin d'une urne !

JEANNE

Dans quels termes es-tu avec lui ?

LE DOCTEUR

Nous avons été brouillés un moment, après les dernières élections municipales. Il ne me pardonnait pas d'avoir empêché de sortir, pour aller voter, deux ouvriers de fabrique atteints de broncho-pneumonie... Comme c'était deux de ses partisans, il donnait un autre nom à leur maladie.

JEANNE

Ah ! Et comment l'appelait-il ?

LE DOCTEUR

Une extinction de voix. Depuis, nous nous sommes raccommodés, et l'on m'en a même félicité, car le gaillard passe pour traiter sans ménagements les imprudents qui dérangent ses calculs.

JEANNE (à Rose, qui entre).

Qu'y a-t-il, Rose ?

ROSE (remettant une carte au docteur).

C'est un monsieur qui m'a dit de remettre cette carte à monsieur.

LE DOCTEUR prend la carte, la regarde et un peu gêné dit à mi-voix :

C'est mon père.

JEANNE (se levant).

Ton père ! Ah ! Je vais vous laisser seuls.

LE DOCTEUR (sans conviction).

Mais non, reste.

JEANNE

Oh ! non, j'aime mieux vous laisser... j'aime
mieux.

LE DOCTEUR

Comme tu voudras ; mais tu peux rester, ça ne
me gêne pas du tout, au contraire.

JEANNE

Mais lui, ça le gênerait peut-être... allons, à
tout à l'heure !
(Elle sort par la porte du fond.)

LE DOCTEUR *(à Rose)*.

Faites entrer, Rose.

SCÈNE II

M. ALLEYRAS, LE DOCTEUR

M. ALLEYRAS

Bonjour, Jean.

LE DOCTEUR

Bonjour, père. *(Ils s'embrassent.)* Quelle bonne
surprise ! Comment se fait-il...?

M. ALLEYRAS *(un peu embarrassé).*

Oui, j'allais au Havre... j'allais au Havre pour

1.

une affaire... alors, j'ai fait un crochet pour venir te voir.

LE DOCTEUR

Tu ne pouvais pas faire un plus tendre crochet et qui me soit plus agréable.

M. ALLEYRAS *(toujours embarrassé)*.

Il y a si longtemps que je ne t'avais vu... Alors, n'est-ce pas ?

LE DOCTEUR

Oui... près d'un an... Ma mère va bien ?

M. ALLEYRAS

Ta mère va bien, je te remercie, quoiqu'elle ait eu, ces temps-ci, des oppressions, des espèces d'étouffements.

LE DOCTEUR

Tiens ! tiens !

M. ALLEYRAS

Elle s'était même imaginé qu'elle avait une maladie de cœur ; alors, je l'ai menée chez un spécialiste qui a un diagnostic très sûr et qui l'a examinée, auscultée avec beaucoup de soin... Bref, il a conclu que ce n'était pas du tout le cœur qui l'étouffait et qu'il fallait attribuer ces oppressions à l'âge. Ta mère a cinquante-deux ans : elle traverse une période dangereuse pour les femmes.

LE DOCTEUR

Oui... Et toi, tu te portes toujours bien?

M. ALLEYRAS

Toujours, comme tu vois. Je vais, je viens, je marche; j'ai un appétit de jeune homme, un sommeil d'enfant.

LE DOCTEUR

C'est merveilleux! Le fait est que tu as une mine superbe.

M. ALLEYRAS

C'est aussi la joie de te voir. Ah! Jean, je suis si content.

LE DOCTEUR *(un peu triste).*

Moi aussi, père, moi aussi.
(Un assez long silence.)

M. ALLEYRAS *(s'asseyant).*

J'avais pourtant un tas de choses à te dire....., et je ne te dis rien.

LE DOCTEUR *(souriant).*

Oui, oui, je connais ça: mais ne te tourmente pas, ça va venir; on commence toujours par ne rien dire, ou bien des choses insignifiantes... il semble qu'on ait besoin de se reconnaître.

M. ALLEYRAS *(appuyant)*.

Oui, de *se reconnaître*.

LE DOCTEUR

Qu'y a-t-il de neuf, chez nous, à la maison ?

M. ALLEYRAS

Oh ! de grands changements. Ta mère a renvoyé le valet de chambre et la cuisinière... eh bien ! ça en a fait des histoires !

LE DOCTEUR

Vraiment ? Je croyais qu'elle en était si contente ?

M. ALLEYRAS *(confidentiellement)*.

Oui, mais elle a découvert qu'ils avaient des relations ensemble.

LE DOCTEUR *(récitant une formule)*.

On a bien du mal avec les domestiques.

M. ALLEYRAS

Imagine-toi que ça durait depuis sept ans !

LE DOCTEUR *(légèrement)*.

On frémit rien que d'y penser. Mais qu'est-ce que ça pouvait faire à ma mère, puisqu'ils faisaient bien leur ouvrage ? Voyons, ça te gênait, toi ?

M. Alleyras

Oh ! moi, pas du tout. Mais ta mère n'admet pas que des choses pareilles se passent chez elle, sous son toit. Elle a ses idées.

Le docteur

Et quoi de nouveau, encore ?

M. Alleyras

Tu sais que ton cousin Gueldron est marié ?

Le docteur

Le beau Théodore ? Ah ! Qui a-t-il épousé ?

M. Alleyras

Il a épousé une demoiselle Mitène.

Le docteur

Je ne connais pas.

M. Alleyras

Mais si, tu sais bien, Mitène, le grand marchand de lampes de l'avenue de l'Opéra.....

Le docteur

Elle est jolie ?

M. Alleyras

Elle est horrible, noire, sèche, elle a de vilaines

dents et elle doit sentir la fourmi. C'est égal, il faut un sacré courage !

LE DOCTEUR

Elle avait une grosse dot, sans doute.

M. ALLEYRAS

On dit le demi-million.....

LE DOCTEUR

Tout s'éclaire !

M. ALLEYRAS

Et des espérances.

LE DOCTEUR

Espérons !

M. ALLEYRAS

D'ailleurs, on trouve généralement que c'est scandaleux.

LE DOCTEUR

Tu m'étonnes... Vous étiez au mariage ?

M. ALLEYRAS

Naturellement, puisque j'étais témoin. (*Le docteur sourit*). Mais ça ne t'intéresse guère tout ce que je te raconte là.

LE DOCTEUR

Ça m'intéresse beaucoup, au contraire. Tu ne

peux même pas t'imaginer à quel point ça m'intéresse. Ah ! le beau Théodore est marié. Je n'en savais rien.

M. ALLEYRAS

Je croyais qu'il t'avait envoyé une lettre de faire-part.

LE DOCTEUR

Je n'ai absolument rien reçu. Ma manière de vivre me met en dehors de la famille et même en marge de la société ; c'est ce qui l'a empêché, sans doute, de me faire part de l'infamie qu'il allait commettre... C'est autant de gagné.

(*Un silence.*)

M. ALLEYRAS (*se lève*).

Et toi, voyons, tu es toujours heureux ?

LE DOCTEUR

Très heureux, père.

M. ALLEYRAS

Ta clientèle ?

LE DOCTEUR

Suffisante.

M. ALLEYRAS (*cherchant comment désigner convenablement la maîtresse de son fils*).

Et ma... et ta...

Le docteur

Ma femme, père, tu peux dire ma femme.

M. Alleyras

Ah ! Tu la fais passer ici pour ta femme ?

Le docteur

Non, je ne la fais pas passer... je n'éprouve pas le besoin de bluffer les gens, en déclarant que nous sommes mariés, pas plus que je n'éprouve le besoin de les défier, en proclamant que nous ne le sommes pas. Pour tout le monde ici, Jeanne est madame Alleyras, et ça suffit.

M. Alleyras

Mais si la vérité se découvre ?

Le docteur

Elle se découvrira, voilà tout.

M. Alleyras

Ne crains-tu pas que cela nuise à ta situation, à ton avenir ? La méchanceté et l'hypocrisie sont partout les mêmes, et pires en province qu'à Paris. Et si l'on découvre que vous n'êtes pas mariés, toutes les portes se refermeront devant toi avec hostilité.

Le docteur

C'est posssible !... Que veux-tu ? Alors je verrai

ce que j'ai à faire. D'ailleurs, pourquoi me répètes-tu tout ça ? Tu sais bien qu'il n'y a pas de remède à cette situation, puisque je suis déjà marié d'un autre côté, que j'ai quitté ma femme légitime et qu'elle ne veut pas entendre parler de divorce.

M. ALLEYRAS

Ses principes religieux s'y opposent et, pour divorcer, il faut être deux.

LE DOCTEUR

Ou trois.

M. ALLEYRAS

Ce n'est pas le cas ; elle n'avait aucun tort envers toi.

LE DOCTEUR

Je le regrette.

M. ALLEYRAS

En refusant de divorcer, elle reste dans son droit.

LE DOCTEUR (*s'échauffant peu à peu*).

Comme elle est restée dans ses devoirs. Évidemment, elle n'a pas eu de torts envers moi, du moins ceux prévus par la loi. Je reconnais qu'elle n'avait pas d'infirmité cachée, qu'elle ne m'a pas trompé, ni frappé devant témoins... elle n'a pas non plus déserté le foyer conjugal... non, elle n'a pas eu ces torts-là, mais elle a eu tous les autres, comprends-tu, tous les autres. Nous n'avions les mêmes idées sur rien.

M. Alleyras

Il n'y avait entre vous que des incompatibilités.

Le docteur

C'est bientôt dit ; mais, à un certain degré, des incompatibilités peuvent devenir tragiques et empoisonner toute une existence. Je m'en suis bien aperçu : je me sentais devenir fou... fou ! c'est bien simple... Alors, je suis parti... j'ai fui cette femme avare, sèche, vaniteuse et dévote...

M. Alleyras

Non, mais comme dit ta mère, économe, honnête, fière et pieuse.

Le docteur

Admettons qu'elle avait toutes les qualités que je n'aime pas et aucun des défauts que j'aime. Eh bien ! ça suffit... pour moi, du moins, et il me semble que j'ai voix au chapitre... Si c'était à refaire, je le referais. D'ailleurs, ce refus entêté de me rendre ma liberté, même après l'éclat de mon départ, prouve bien la rancune, la mesquinerie et l'esprit taquin de cette compagne d'élite...

M. Alleyras

Ou sa religion.

Le docteur

Qui conseille d'un autre côté le pardon des
offenses.

M. Alleyras

C'est un autre point de vue.

Le docteur

Et puis. pourquoi la défends-tu ? Si je te pous-
sais un peu, tu confesserais que toi-même, avec
ton caractère pourtant si conciliant, tu n'aurais
pas pu vivre avec elle. Voyons, sois sincère.

M. Alleyras (*ébranlé*).

Il est certain que...

Le docteur

Alors, tu dois me comprendre..... m'excuser.

M. Alleyras (*ne défendant plus sa belle-fille*).

Parbleu ! Si tu ne pouvais pas vivre avec elle...
tu as bien fait de la quitter, ça ne fait pas de
doute. Aussi, là n'est pas la question : je parle de
ta liaison avec...

Le docteur

Je ne pouvais pourtant pas me condamner à
vivre seul, en attendant qu'on vînt à bout par la

persuasion ou par de longs moyens juridiques de la résistance de ma femme. J'ai rencontré depuis une autre femme que j'aime ; nous vivons ensemble, ça me paraît tout simple, d'autant plus simple qu'il m'est impossible de faire autrement puisque je ne pourrais pas l'épouser, en supposant qu'un premier mariage ne m'ait pas à jamais dégoûté de cette formalité. Il y a bien une loi qui institue le divorce, mais il se trouve que le bénéfice m'en est refusé. Il faut être logique et ne pas me reprocher une situation que la loi favorise.

M. Alleyras

Note bien que moi, ça m'est égal. Encore une fois, je t'en parle surtout au point de vue de ta profession, de ton avenir ; ça peut te jouer un mauvais tour : le monde n'admet pas l'union libre... pas encore, du moins.

Le docteur

Le monde n'admet rien de ce qui est libre. Et pourtant, un homme et une femme se choisissent, leurs regards s'échangent, leurs cœurs battent l'un vers l'autre, leurs mains se joignent, leurs lèvres s'unissent ; dans tout cela, je ne vois rien d'immoral, au contraire ! J'étais malheureux dans le mariage, je suis heureux dans l'union libre, **mon choix est fait.**

M. ALLEYRAS

Ta mère ne le comprendra jamais. Sur ce cha-
pitre-là, elle est irréductible.

LE DOCTEUR

Je n'ai pas l'espoir de la réduire ; c'est pourquoi j'ai quitté Paris, afin de lui épargner, ainsi
qu'à ses relations choisies, le spectacle odieux
du bonheur de son fils.

M. ALLEYRAS

Tu exagères.

LE DOCTEUR

Mais non...

M. ALLEYRAS

Que veux-tu ? Ta mère est à cheval sur les principes.

LE DOCTEUR

J'admets tous les principes, aussi surannés
qu'ils puissent être ; mais je demande à ceux qui
les étalent une sévère logique. Or, ma mère qui
ne veut pas entendre parler de mon union avec
Jeanne, assiste à la bénédiction du triste mariage
de mon cousin Théodore et, par sa présence, l'approuve, le sanctionne.

M. ALLEYRAS

Mais Théodore n'est pas son fils !

LE DOCTEUR

Raison de plus ; quant à son fils et à la femme qu'il a librement et proprement choisie, en dehors de toute question d'intérêt, elle les chasse de sa présence, comme son domestique et sa cuisinière.

M. ALLEYRAS

Réfléchis : il était bien difficile à ta mère de prendre parti contre une femme à qui tu n'avais rien à reprocher, tu en conviens toi-même.

LE DOCTEUR

Oui, ma mère a mieux aimé prendre parti contre moi qui suis également sans reproches... c'est toi-même qui en convenais tout à l'heure.

M. ALLEYRAS

Enfin, cette discussion, nous l'avons déjà eue vingt fois, sans nous convaincre ni l'un ni l'autre et nous avons toujours fini par coucher sur nos positions.

LE DOCTEUR

C'est encore là qu'on est le mieux couché.

M. ALLEYRAS

Tu plaisantes...

LE DOCTEUR

Je n'en ai pourtant pas envie

M. Alleyras

En attendant, quelle situation ça crée-t-il entre nous ? On est obligé de ne pas se voir, on vit à cent lieues les uns des autres, comme des étrangers, et moi, j'en souffre beaucoup, parce que j'ai une grande affection pour toi, tu n'en doutes pas...

Le docteur

Mais non, père, je n'en doute pas... c'est pourquoi je suis heureux de te voir.

M. Alleyras

Voilà bientôt un an que je ne t'ai pas embrassé. Ah ! vois-tu, mon petit Jean, c'est bien malheureux d'être séparé de son enfant. Nous étions si bons amis.

Le docteur

Oh ! Nous le sommes encore, père, je te le jure. (*Étreinte, petit moment d'émotion.*) Mais, puisque tu n'approuves pas les idées de ma mère, car je te connais, tu ne les approuves pas, quand tu as envie de me voir, qui t'empêche de venir t'installer ici une semaine, un mois, deux mois, tant que tu voudras ? Je suis ton fils, que diable ! Et tu n'aurais qu'à dire à ta femme : J'ai envie d'embrasser Jean, j'y vais.

M. Alleyras (*dans un élan*).

C'est ce que j'ai fait : je suis venu. (*Revenant à*

la réalité.) Seulement, je ne l'ai pas dit à Mathilde, parce que ça aurait fait un tas d'histoires...

LE DOCTEUR *(souriant).*

Et que tu veux avoir la paix... Et puis, tu n'oses pas...

M. ALLEYRAS *(blessé).*

Je n'ose pas... je n'ose pas... certainement, je n'ose pas. Ah ! on voit bien que tu ne sais pas ce que c'est, toi, que d'être d'un avis contraire à celui de sa femme !

LE DOCTEUR

Ah ! si.

M. ALLEYRAS

Oui, mais toi, ça n'a pas duré longtemps. Combien ? Deux ans ?

LE DOCTEUR

Oui, deux ans.

M. ALLEYRAS

Tu t'es évadé du mariage, tu as sauté le mur, tandis que moi, voilà trente ans que je supporte le caractère difficile de madame Alleyras. Enfin, aujourd'hui, j'ai prétexté un voyage au Havre pour venir te voir... J'avais envie d'embrasser mes enfants.

LE DOCTEUR

Tes enfants?

M. ALLEYRAS

Mais certainement, oui, mes enfants... elle aussi... ta femme, ma fille... Est-ce que je pourrai la voir ?...

LE DOCTEUR

Je vais l'appeler.

M. ALLEYRAS

Oui... appelle-la.....
(Jean sort par la porte du fond et va chercher Jeanne; pendant ce temps-là, M. Alleyras se mouche et s'essuie les yeux. Quelques secondes et Jean revient avec Jeanne.)

SCÈNE III

LE DOCTEUR, JEANNE, ALLEYRAS

M. ALLEYRAS

Bonjour, ma fille... Voulez-vous me permettre de vous embrasser ?

JEANNE

Oh ! père, de tout mon cœur. Quelle bonne surprise vous nous faites à Jean... et à moi.

M. ALLEYRAS

Et à vous, c'est bien vrai ? Pourtant, vous ne me connaissez pas.

JEANNE

Je vous connais très bien, mieux que vous ne pensez, peut-être. Nous parlons si souvent de vous avec Jean.

M. ALLEYRAS

Vous deviez me détester.

JEANNE

Non, puisque vous aimez Jean.

M. ALLEYRAS

Mais moi, je ne vous connais pas... laissez-moi vous regarder. *(Il lui prend les deux mains et la regarde dans les yeux).*

JEANNE

Regardez.

M ALLEYRAS

Oh ! vous m'avez dit ça comme une femme qui sait très bien qu'elle est jolie.

JEANNE *(mollement).*

Ah ! pas du tout, pas du tout.

M. ALLEYRAS

N'est-ce pas, Jean, qu'elle est jolie ?

LE DOCTEUR

Ce n'est pas moi qui dirai le contraire ; mais
c'est surtout l'idéale compagne, celle dans laquelle
on trouve une camarade, une amie, une sœur, et
toujours une femme.

JEANNE

Attends au moins que je sois partie. Quelle
contenance veux-tu que j'aie ?

M. ALLEYRAS (*un peu attendri*).

Ah ! mes chers enfants, je suis bien heureux !

JEANNE

Vous dînez avec nous ?

M. ALLEYRAS

Non.

JEANNE

Comment, non ?

M. ALLEYRAS

C'est qu'il faut que je sois au Havre avant ce
soir. Mathilde m'avait bien recommandé de lui
envoyer une dépêche.

JEANNE

Envoyez-la d'ici.

M. ALLEYRAS

C'est que ça ne serait pas la même chose.

JEANNE (*qui comprend*).

Ah ! oui !

M. ALLEYRAS (*interrogeant son fils*).

Comment expliquer ? Hein ? qu'en penses-tu ?

LE DOCTEUR

Fais ce que tu voudras, seulement tu ne seras pas resté longtemps.

M. ALLEYRAS

Eh ! bien, je dîne avec vous ! tant pis... j'aurai une scène... d'ailleurs, je peux dire que... Ah ! non, ça n'irait pas.

JEANNE

D'ici-là, nous trouverons bien quelque chose.

M. ALLEYRAS

Parbleu ! et puis... si nous ne trouvons rien, je dirai la vérité, voilà tout.

LE DOCTEUR

C'est encore la meilleure blague. (*A ce moment Rose entre.*)

SCÈNE IV

JEANNE, LE DOCTEUR, M. ALLEYRAS, ROSE

Le docteur

Qu'y a-t-il ?

Rose

C'est monsieur Verdier qui voudrait parler à monsieur.

M. Alleyras

Je vais te laisser.

Le docteur

Non, non, reste, au contraire... je ne suis pas fâché que tu voies Aristide Verdier, imprimeur et Conseiller municipal de Villiers-sur-Eure. (*A Rose.*) Faites-le entrer.

Jeanne

Et moi, je me sauve. Je ne tiens pas à rencontrer ce gros homme... Excusez-moi, père... je vais veiller à ce que vous fassiez un bon dîner... il ne faut pas que vous regrettiez d'être resté avec nous.

(Elle sort par la porte du fond, dans le même instant que Verdier entre par la porte de gauche.)

SCÈNE V

LE DOCTEUR, M. ALLEYRAS, VERDIER

VERDIER *(sonore et familier).*

Bonjour, mon cher docteur.

LE DOCTEUR

Bonjour, monsieur Verdier. *(Il présente.)* Monsieur Verdier, mon père.

VERDIER *(tendant la main à M. Alleyras).*

Enchanté, monsieur, de vous rencontrer ici. *(Au docteur).* Madame Alleyras est en bonne santé ?

LE DOCTEUR

Mais oui, je vous remercie.

VERDIER *(il s'assied).*

Je ne veux pas abuser de vos instants, mon cher docteur. D'abord, je ne viens pas pour une consultation personnelle... je ne suis pas malade, je n'en ai pas l'air, hein ?

(Il rit bruyamment, à cause qu'il est tout luisant d'une grosse santé.)

LE DOCTEUR

En effet.

VERDIER

Et je ne viens pas davantage pour vous tâter le pouls au point de vue électoral.

LE DOCTEUR

Le fait est que je ne vois pas trop, à cet égard, quels soins je pourrais donner.

VERDIER

Hé ! hé!.. On ne sait pas. Il ne manque pas de médecins à la Chambre, soit dit, sans jeux de mots.
(Il rit encore, seul.)

LE DOCTEUR

C'est vrai. Mais, depuis que le corps social a appelé les médecins en consultation, il ne m'apparait pas qu'il se porte mieux, au contraire !

VERDIER

Vous calomniez vos confrères... et vous-même.

LE DOCTEUR

Moi?

VERDIER

Parfaitement. Je suis sûr que vous feriez un excellent législateur. Et, si Loiselet, le député sortant dont nous appuierons la candidature aux prochaines élections ne s'était pas représenté, notre comité vous aurait certainement proposé sa succession.

LE DOCTEUR

Allons donc ! Je n'ai rien fait pour la mériter.

VERDIER *(rond, bruyant).*

Rien fait ? Laissez-moi vous dire, mon cher docteur, que vous êtes trop modeste. Vous auriez pour vous les usines et la campagne, les ouvriers et les paysans, ce qui représente une majorité de...

LE DOCTEUR

Ne comptez pas.

VERDIER

Si, si... Une majorité de 2000 voix... au bas mot.

LE DOCTEUR

Au bas mot, c'est ça.

VERDIER

Enfin, vous êtes très populaire dans le pays.

LE DOCTEUR

Oh !

VERDIER

Très populaire, je le répète. Votre dévouement pour les pauvres, vos soins gratuits à ceux qui n'ont pas le moyen de vous rétribuer, tout ça est d'un bon, d'un véritable serviteur de la Démocratie.

LE DOCTEUR

Mettons d'un bon serviteur de ceux qui souffrent….. après tout, c'est peut-être la même chose.

VERDIER

La même chose, vous dites bien, et c'est pour ça que vous me voyez si ardent à préparer notre campagne.

LE DOCTEUR

Nos campagnes.

VERDIER (*riant*).

Si vous voulez. J'espère bien en tout cas que vous marcherez avec nous.

LE DOCTEUR

Oh ! excusez-moi, monsieur Verdier, mais je ne m'occupe nullement de politique. Que tout ce qui s'y rapporte de près ou de loin me soit indifférent, ce n'est pas assez dire ; les démarches auprès des électeurs, la tutelle des comités, les réunions publiques, les manœuvres de la première et de la dernière heure, toute cette cuisine électorale qui empoisonne les villes et les campagnes, au Nord et au Midi, au beurre et à l'huile, me cause une insurmontable répugnance.

Verdier

Ce n'est pas une raison.

Le docteur

Et puis, si mes clients sont satisfaits de moi, pourquoi m'enverraient-ils ailleurs ?

Verdier

Soit. Nous nous consolerons de ne pas vous avoir pour allié, en pensant que nous ne vous avons pas pour adversaire, et en comptant, faute de mieux, sur votre neutralité... bienveillante. Aussi bien, encore une fois, ma visite a-t-elle un tout autre objet. C'est de l'institutrice de notre école communale, Mademoiselle Souricet, que je venais vous parler.

Le docteur

Ah !

Verdier

Vous la connaissez peut-être ?

Le docteur

Moi ? Pas du tout.

Verdier

Vous savez combien les intérêts de mes concitoyens me préoccupent. Rien de ce qui les touche ne m'est étranger. Je n'admets pas, quand ils sont dans l'embarras, qu'ils s'adressent à d'autres que moi. Je préviens leurs désirs, je tiens compte de leur modestie, de leur timidité, de leur ignorance... Bref, je fais un peu ce que vous appelez en médecine de la... de la... aidez-moi donc.

LE DOCTEUR

Prophylaxie.

VERDIER (*avec orgueil*).

C'est ça, c'est le mot que dit mon fils. Eh ! bien, j'ai remarqué que Mademoiselle Souricet était très fatiguée en ce moment, oui... elle a l'air de quelqu'un qui couve une grave maladie.

LE DOCTEUR

Vraiment ?

VERDIER

Oui... enfin elle aurait besoin de repos ; mais c'est une fille très discrète, très courageuse, elle ne veut pas s'en aller avant les vacances. Alors, il faudra lui faire une douce violence, la contraindre presque à prendre un congé pour aller se rétablir chez elle, dans sa famille. Si, pour obtenir ce congé, un certificat de médecin était nécessaire, vous le lui délivreriez volontiers.

LE DOCTEUR

Mais certainement, qu'elle vienne me trouver.

Verdier

C'est ça.. ou bien je passerai plutôt vous prendre un de ces matins. Nous irons la voir ensemble.

Le docteur

Comme vous voudrez, je suis à votre disposition.

Verdier

Alors, il ne me reste plus qu'à vous dire au revoir, mon cher Docteur... n'oubliez pas de présenter mes respects à madame.

Le docteur

Je n'y manquerai pas.

Verdier (*à Alleyras*).

Au revoir, monsieur.

M. Alleyras

Au revoir, monsieur, je suis ravi d'avoir fait votre connaissance.
(*Poignées de mains. Verdier sort.*)

SCÈNE VI

LE DOCTEUR, M. ALLEYRAS

LE DOCTEUR

Eh ! bien, qu'en dis-tu ?

M. ALLEYRAS

Il est commun... ça, c'est incontestable ; mais il
a l'air d'un assez brave homme.

LE DOCTEUR

Oui, on s'y trompe, parce qu'il est gros ; mais
il y a de la mauvaise bonhomie comme il y a de
la mauvaise graisse.

M. ALLEYRAS

Ne crois-tu pas qu'il avait jeté son dévolu sur
toi, comme sur un agent électoral à utiliser ?

LE DOCTEUR

C'est possible ; la chose certaine, c'est que sa
visite n'est pas désintéressée.

(*Rose entre par la porte de gauche.*)

SCÈNE VII

LE DOCTEUR, M. ALLEYRAS, ROSE

ROSE

Il y a là un homme qui vient de chez les sauvages et qui insiste pour que monsieur aille tout de suite après sa consultation, à la Clairière... c'est pour un accident.

M. ALLEYRAS

Des sauvages ? Tu soignes des sauvages ?

LE DOCTEUR

Ah ! voilà... avec Rose, il faut être initié : la Clairière est le nom d'une ferme, à deux lieues d'ici, et ceux que Rose appelle des sauvages y forment une petite colonie appliquant les théories néo-communistes. C'est du moins ce que j'ai entendu dire, car ils ne m'ont jamais fait appeler jusqu'ici et je manque de renseignements précis sur leur compte ; mais Rose qui sait tout en possède sans doute.

ROSE (*bougonnant*).

Je sais... je sais que monsieur aurait bien tort de se déranger : des sauvages, je vous dis, des bohémiens, des jeteux de sorts, des partageux, qui n'ont pas besoin de monsieur pour les soigner, puisqu'ils prétendent se passer de tout le monde. En tout cas, si monsieur veut suivre les conseils d'une chrétienne, il fera bien d'aller à la Clairière et d'en revenir avant la nuit.

LE DOCTEUR

C'est bon, c'est bon, Rose. En attendant, répondez au Roi des Montagnes que je... ou plutôt non... il n'y a encore personne pour la consulation ?

ROSE

Personne.

LE DOCTEUR

Eh ! bien, dites-lui d'entrer. *(A son père.)* Nous allons le faire causer.
(Rose sort et introduit Rouffieu.)

SCÈNE VIII

LE DOCTEUR, M. ALLEYRAS, ROUFFIEU

ROUFFIEU *(il hésite un moment entre le docteur et son père).*

Monsieur Alleyras ?

Le docteur

C'est moi.

Rouffieu

Nous avons trouvé ce matin, étendu dans le chemin, un homme à moitié mort. Nous l'avons transporté chez nous et, comme sa maladie n'était pas difficile à reconnaître, nous avons réussi à le ranimer.

Le docteur

Qu'est-ce qu'il avait ?

Rouffieu

Il avait faim. Mais sa chute a rouvert une ancienne blessure assez vilaine et que nous ne sommes pas capables de soigner. Alors je viens vous chercher.

Le docteur

C'est bien. Vous pouvez compter sur moi. Où dois-je aller ?

Rouffieu

A la Clairière, où s'est établie l'année dernière une petite colonie communiste dont vous avez peut-être entendu parler.

LE DOCTEUR

En effet..... Vous êtes le directeur de cette entreprise ?

ROUFFIEU

L'entreprise n'a pas de Directeur. Je suis, moi, Eugène Rouffieu, un des compagnons qui se sont réunis pour mettre en commun leurs biens et leur travail ; les produits de l'exploitation sont à tous, la terre n'est à personne.

LE DOCTEUR

Et vous êtes nombreux à la Clairière ?

ROUFFIEU

Une vingtaine pour le moment. Cinq ménages, avec sept enfants et quatre célibataires.

LE DOCTEUR

Est-il indiscret de vous demander l'origine de ce groupement ?

M. ALLEYRAS

Oui, car enfin pour le réaliser, encore a-t-il fallu qu'un domaine vous tombât du ciel.

ROUFFIEU

Oh ! pas de si haut ! Mais c'est toute une histoire ! Si elle peut vous intéresser.

LE DOCTEUR

Je crois bien ; n'est-ce pas, père ?

M. ALLEYRAS

Infiniment. *(Le docteur présente un siège à Rouffieu.)*

ROUFFIEU *(s'asseyant).*

Eh bien ! je suis tailleur de mon métier ; à douze ans, je gagnais ma vie. Voilà vingt-cinq ans que je la gagne et celle de pas mal d'autres par-dessus le marché ! Cette réflexion-là, je l'ai faite de bonne heure ! On a beau être accroupi, on pense... J'ai beaucoup ruminé, beaucoup roulé... j'ai fait autant de chemin sur mes jambes que sur mon derrière... j'ai vu partout des gens qui arrivaient difficilement à vivre et même à mourir en trimant du matin au soir comme des bêtes de somme. Cependant, il est démontré que l'homme, ayant choisi le genre de travail qui convient le mieux à ses aptitudes, produit au delà des besoins de sa consommation. A qui donc profite le surcroit d'ouvrage qu'il abat ? A sa famille ? Non, puisqu'il lui procure à peine, le plus souvent, de quoi manger. Aux pauvres ? Pas davantage, puisque le nombre en est toujours plus grand. Et j'ai compris bientôt le jeu de l'organisme social qui astreint l'ouvrier à entretenir les buissons où il laisse sa laine d'abord, et la peau qui est dessous à la fin.

M. ALLEYRAS *(souriant).*

Etes-vous bien sûr de l'avoir compris?

ROUFFIEU

Je ne suis pas paresseux, je ne rechigne à aucune besogne, pour venir en aide aux malheureux. Je veux bien, le cas échéant, travailler comme quatre, mais pas pour quatre, lorsque les trois autres prélèvent leur superflu sur mon nécessaire. Enfin, je suis un prisonnier qui se refuse à améliorer l'ordinaire de ses gardiens. Voilà,

M. ALLEYRAS

La société n'est pas composée que de geôliers et de détenus.

ROUFFIEU

Oh! non... il y a aussi les visiteurs du dimanche, les âmes bonnes et sensibles qui apportent aux prisonniers, pour leur faire prendre patience et endormir leur rancune, des promesses, des charités, des systèmes et autres oranges.

M. ALLEYRAS

Ces idées vous sont très familières. Vous les

avez sans doute développées dans les ateliers, les réunions publiques?

ROUFFIEU

Oui... Jusqu'au jour où l'incrédulité de nos amis aussi bien que de nos adversaires m'a déterminé à passer de la parole aux actes. Les meilleurs discours bercent la souffrance humaine et n'y remédient pas ; ils deviennent, dans la bouche qui les répète et dans l'oreille qui les écoute, un ron-ron de prière, un appel au miracle. Or, nous ne croyons ni à l'efficacité des prières, ni à la vertu des miracles. On ne réveillera la masse de son assoupissement qu'en l'instruisant d'exemple. C'est par les leçons de choses que l'on commence l'éducation des aveugles. Le peuple est encore un petit enfant aveugle : on doit le conduire par la main vers son idéal matérialisé.

M. ALLEYRAS

Oui, c'est la belle mission que se donnaient déjà, au temps de ma jeunesse, ceux qu'on appelait alors les utopistes! Icariens, saint-simoniens, Fouriéristes n'étaient pas toujours d'accord sur les voies à suivre, mais le bonheur commun et la fraternité universelle proposaient un même but à leur marche en avant. Le candide Cabet déployait la formule qui est sans doute la vôtre. « A chacun suivant ses besoins, de chacun suivant ses forces » ; Fourier utilisait les passions et Saint-

Simon les capacités pour rendre tout labeur attrayant. Et n'étaient-ils pas des disciples impatients comme vous ceux qui s'en allaient, avec l'honnête Considérant, faire au Texas une tentative **de** colonisation frappée d'avance de stérilité ?

ROUFFIEU

Comme toutes les tentatives de ce genre, parbleu ! Leur échec était à prévoir, dans un pays inconnu où venaient s'ajouter au manque de ressources, d'outillage, de moyens d'action, les difficultés inhérentes au sol, au climat, aux mœurs locales.

M. ALLEYRAS

Pourtant il semble assez logique, puisque vous répudiez les errements, la contrainte de la vieille Société, que vous cherchiez loin d'elle, le plus loin possible, des terres vierges favorables à vos expériences.

ROUFFIEU

Oh ! je sais que vous encourageriez volontiers un départ qui vous débarrasserait de nous sans effusion de sang ni frais de voyage à votre charge. Mais nous n'entendons pas renoncer aux avantages de la civilisation représentés par toutes les conquêtes de la science et du travail. Ces maisons que nos pères ont bâties, ce sol que leurs mains ont approprié, c'est l'héritage social qui nous appartient et dont nous réclamons notre part.

M. Alleyras

Bon ! Mais les essais d'associations plus ou moins communautaires pratiquées en France et en Angleterre notamment ne me paraissent pas avoir mieux réussi.

Rouffieu

Ils étaient bien différents du nôtre.

M. Alleyras

Oh ! naturellement. Eh ! bien, voyons ça.

Rouffieu

Il y a trois ans, las de répéter toujours la même chose, je résolus d'agir.

M. Alleyras

Oh ! oh !

Rouffieu

Vous me comprenez mal. Le temps est passé des prétextes naïvement offerts à des mesures de répression toujours désastreuses. Pas si bête ! Faites des omelettes, si vous voulez, mais ne comptez plus sur nous pour fournir les œufs.

M. Alleyras

Attendriez-vous de meilleurs résultats des grèves pacifiques et disciplinées ?

Rouffieu

Je n'ai pas dit ça. Les grèves, en discutant
l'augmentation des salaires, reconnaissent implicitement la légitimité du principe. C'est comme
si le gibier épiloguait sur la charge de poudre et
de plomb qu'on lui envoie ; il est plus urgent de
retirer son fusil au chasseur.

Le docteur

Alors ?

Rouffieu

Alors, par la voie d'un petit journal révolutionnaire où j'avais des amis, j'adressai un appel aux
partisans de l'établissement d'une colonie communiste en France.

M. Alleyras

Et votre appel fut entendu ?

Rouffieu

Les adhésions affluèrent : il en vint pendant
un mois, de tous les points de la France.

Le docteur

Et l'argent ?

ROUFFIEU

L'argent fut plus rare : je ne recueillis, sou à sou, que trois cents francs en un an. Ce n'était pas avec cette somme que nous pouvions acheter ou louer les quelques hectares de terrain indispensables pour mettre à exécution notre projet.

LE DOCTEUR

En effet.

ROUFFIEU

Cependant l'idée n'intéressait pas que nos camarades, il faut croire, puisque je reçus un jour, dans ma chambre, la visite d'un monsieur que je pris d'abord pour un mouchard ; c'était un philanthrope, monsieur Mouvay.

M. ALLEYRAS

Attendez donc ! Mouvay, l'ancien raffineur ?

ROUFFIEU

Précisément.

M. ALLEYRAS

Mais je l'ai très bien connu : un homme brusque, fantasque et ombrageux, qui avait amassé dans l'industrie plusieurs millions et qui vivait seul, chichement, avec un seul domestique et une cuisinière, dans son magnifique hôtel de l'avenue d'Iéna.

Rouffieu

C'est bien ça.

M. Alleyras

C'était le type du bienfaiteur qui ne veut pas
être roulé et qui reçoit les solliciteurs comme un
juge d'instruction reçoit les prévenus. Il ne secou-
rait jamais sans enquête personnelle. Ce qu'il a
grimpé d'étages ! Il en est mort d'ailleurs.

Le docteur

L'expiation.

M. Alleyras

Expiation volontaire, oui, tu dis bien. Chez
Mouvay, la folie de la richesse, à la fin, s'était
changée en délire de la restitution. Mais il s'était
entouré, pour faire sa fortune, de moins de scrupules qu'il n'en montrait pour la restituer.

Le docteur

Il était aussi moins pressé.

M. Alleyras

Il y a encore ça. Quatre testaments successifs
traduisirent bien ses hésitations. On a raconté
qu'à la fin, embarrassé pour opter entre les œuvres
philanthropiques auxquelles il destinait son héri-

tage et qui sont au nombre de soixante-quatre mille...

LE DOCTEUR

Tu dis ?

M. ALLEYRAS

Je dis : soixante-quatre mille, il les avait toutes mises dans un sac, avant d'inviter son notaire à en tirer au sort vingt-cinq à chacune desquelles il a laissé cent mille francs.

LE DOCTEUR

Cette loterie donne bien l'idée du fonctionnement et de l'efficacité de la philanthropie à notre époque.

ROUFFIEU

Je reconnais le personnage. Il vint donc me voir chez moi et m'interrogea durement : « En-» fin, qu'est-ce que vous voulez ? » Je le dis : « Remplacer le travail, individuel ou collectif, » au profit d'un seul, par le travail de tous, au » profit de tous. » Il insista. J'exposai alors le plan d'une vie nouvelle, basée sur la production sans salaire, l'échange sans estimation et la consommation sans argent ; j'envisageai un état social d'où seraient éliminés progressivement le principe autoritaire, le droit de propriété, les intermédiaires et la monnaie, chacun retirant de la

communauté ce qui est nécessaire à la satisfaction de ses besoins et demeurant seul juge de ce
qu'il doit faire pour s'acquitter envers elle, c'est-à-
dire envers tous. Il ne m'interrompit pas une
seule fois ; mais, de temps en temps, il souriait
ou haussait les épaules. A la fin seulement il me
dit : « Avouez que l'on vous jouerait un bon tour
» en vous acculant à une démonstration dont on
» vous fournirait les moyens. » — « Essayez,
» répondis-je en riant. »

Il se mit à rire aussi et répliqua : « Je ne dis pas
» non, mais plus tard... le plus tard possible. »
Là-dessus, il s'en alla et je n'entendis plus parler
de lui. Jugez donc de ma surprise, le jour où un
notaire me convoqua pour m'apprendre que
monsieur Mouvay, décédé, laissait à Eugène
Rouffieu la ferme et le domaine de la Clairière qui
s'étendent sur vingt hectares, pour y établir une
colonie industrielle et agricole.

M. ALLEYRAS

De sorte que vous deveniez propriétaire malgré
vous.

ROUFFIEU

Non pas. La ferme, ses dépendances et son matériel constituent à mes yeux un capital commun
et indivis dont je partage simplement l'usufruit
avec les autres habitants de la colonie.

LE DOCTEUR

Mais ces habitants, où les avez-vous recrutés?

ROUFFIEU

Parmi mes camarades et les premiers adhérents. Je les ai choisis de professions différentes, naturellement, afin d'assurer le plus possible la réciprocité du travail.

LE DOCTEUR

Et vous vous entendez bien?

ROUFFIEU

A merveille. Le principal sujet de brouille est écarté, puisque tout est à tous et que l'épargne moralisée n'est plus, comme disait Proudhon, le fléau du commerce et le monument de la misère.

LE DOCTEUR

Votre exploitation est prospère?

ROUFFIEU

Les débuts ont été difficiles: le domaine était presque à l'abandon. Il a fallu donner un sacré coup de collier. Quelques-uns d'entre nous travaillaient à la ville, chez des patrons, et rapportaient à la colonie, avec de quoi vivre en attendant les récoltes, l'argent nécessaire à l'achat des outils et des matières premières. Aujourd'hui, nous sommes tirés d'embarras : nous avons quatre vaches dans les étables, deux chevaux à l'écurie, des lapins et de la volaille dans la basse-cour, des légumes dans le potager et nos cultures font plaisir à voir. Nous avons même des roses... et nous n'en faisons pas commerce. Du luxe, quoi ! Nous cuisons notre pain nous-mêmes dans un four que les compagnons ont construit et, l'hiver prochain, ils nous promettent un joli moulin, avec de grands bras, qui feront des signes aux amis à travers la campagne.

M. ALLEYRAS (*souriant*).

On moud la farine aujourd'hui plus expéditivement. Il y a des machines qui moissonnent et battent le blé ; il y en a même qui font le geste auguste du semeur ! Voilà pourquoi les moulins n'ont plus d'ailes !

ROUFFIEU (*gaiement*).

Nous en remettrons... pour l'agrément et pour qu'on vienne à nous.

M. ALLEYRAS

Poète !

LE DOCTEUR

Vous n'êtes donc pas assez nombreux ?

ROUFFIEU

Il faut songer à l'extension que prendra la colonie et ne pas perdre de vue le but de notre propagande. Les bénéfices, quand nous en réaliserons, seront consacrés à l'acquisition d'autres terrains que nous rendrons communaux, que nous peuplerons, et où l'appui mutuel pourra s'exercer au profit des enfants, des malades, des infirmes et des vieillards.

LE DOCTEUR

Vos enfants, qui les instruit ?

ROUFFIEU

Ah ! ça... jusqu'ici, c'est nous. On apprend même, pour leur apprendre. Dame ! on fait ce qu'on peut.

M. ALLEYRAS (*sceptique*).

Et vous croyez avoir résolu la question sociale, le problème constant de l'harmonie entre tous les êtres ?

ROUFFIEU

La formule de l'Internationale est belle : « L'émancipation des travailleurs sera l'œuvre des travailleurs eux-mêmes. » Nous l'appliquons de notre mieux.

M. Alleyras

Mais, malgré tout, vous êtes obligés d'admettre
des accommodements avec une société dont le
cercle inflexible vous étreint quand même.

Rouffieu

Évidemment. Ah ! ça, croyez-vous donc que
nous allons le briser du jour au lendemain ?

M. Alleyras

Loin de là.

Rouffieu

Vous détenez tout.....

M. Alleyras (*s'en défendant*).

Oh ! personnellement...

Rouffieu

C'est une façon de parler. Vous détenez la propriété, les produits et les moyens de production ;
vous nous écrasez de votre poids et vous vous
étonnez que nos mouvements soient lents et
embarrassés ! Un peu de patience ! La moitié de
l'humanité a jeté sur l'autre moitié un vaste filet
qui la paralyse ; nous rongeons une maille du filet
pour commencer.

M. Alleyras

On s'apercevra du dommage et il sera vite réparé !...

Rouffieu *(se levant)*.

Il ne pourra plus l'être quand les rats s'attaqueront au filet tous ensemble et partout à la fois. C'est la première maille la plus difficile à rompre.

M. Alleyras

Prenez garde d'être la dupe de votre instinct.

Rouffieu

L'instinct du bonheur fondé sur la libre entente et la solidarité ! Il y a des instincts plus bas !

M. Alleyras

Vous ne parviendrez qu'à une répartition plus équitable de la misère.

Rouffieu

On répartit d'abord ce qu'on a sous la main.

Le docteur *(lui tendant la main)*.

Allons, bonne chance à vous et à vos camarades, monsieur Rouffieu ; je vous promets d'aller voir votre blessé après ma consultation.

ROUFFIEU

Merci.

M. ALLEYRAS

Je suis très heureux aussi de vous serrer la
main, monsieur Rouffieu.

ROUFFIEU (*avec bonhomie*).

Excusez-moi, j'ai été un peu bavard.

LE DOCTEUR

Pas du tout, vous nous avez intéressés.

M. ALLEYRAS

Et d'ailleurs, c'est nous qui vous avons interrogé.

ROUFFIEU

Entre nous, il n'y a pas eu besoin de beaucoup
me pousser... quand on me met sur ce chapitre-
là, voyez-vous, je fais tout de suite de la propagande... Allons, au revoir, messieurs.
(*Il sort.*)

SCÈNE IX

LE DOCTEUR, M. ALLEYRAS

LE DOCTEUR (*rêveur*).

Drôle d'homme.

M. ALLEYRAS

C'est qu'il paraît convaincu, le malheureux !

LE DOCTEUR

Il serait plus à plaindre s'il ne l'était pas.

M. ALLEYRAS

Il a la tête farcie de doctrines, de formules et de systèmes sociaux qu'il mêle singulièrement. Ce n'est pas son estomac qui digère mal, c'est son cerveau ; mais tu ne soignes pas ça.

LE DOCTEUR

Ne plaisante pas : la conception est obscure, mais une petite chose vagissante est sortie de cette obscurité et ne demande qu'à vivre.

M. ALLEYRAS

Enfin, à quelle branche du socialisme se raccroche-t-il exactement ? L'as-tu compris, toi ?

LE DOCTEUR

Laisse donc ça à Verdier ! L'honnête homme qui était là ne se raccroche à aucune branche : il serre à pleins bras le tronc de la souffrance universelle pour la déraciner.

M. ALLEYRAS

Il y échouera : c'est l'éternel crédule.

LE DOCTEUR

Ou l'éternel Robinson.

ROSE *(entrant)*.

Monsieur, il y a là pour la consultation...

LE DOCTEUR

Bien, bien, commençons.

M. ALLEYRAS

Cette fois-ci je te laisse... Je vais causer un peu avec ma fille.

LE DOCTEUR

C'est ça, père... à tout à l'heure. *(A Rose.)* Commençons.

M. Alleyras sort par la porte du fond, tandis que, par l'autre porte, entre une jeune femme mince, pâle, d'aspect triste et pauvre dans sa robe et sous son chapeau noirs.

SCÈNE X

LE DOCTEUR, HÉLÈNE

HÉLÈNE *(timidement)*.

Bonjour, monsieur.

Le docteur

Bonjour, madame..., donnez-vous la peine de vous asseoir.

Hélène (*s'asseyant*).

L'objet de ma visite est assez délicat, monsieur : je viens trouver un confesseur autant qu'un médecin.

Le docteur

Dans bien des cas, nous devons être en effet l'un et l'autre... Je vous écoute, madame.
(*Il s'assied. Petit silence.*)

Hélène

Pardonnez-moi, je suis extrêmement troublée : je puis à peine parler.

Le docteur

Remettez-vous, madame, remettez-vous, je vous en prie... et surtout, soyez sans crainte. Voyons, de quoi s'agit-il ?

Hélène (*relevant sa voilette*).

Vous ne me reconnaissez pas... je suis l'institutrice de l'École communale, mademoiselle Souricet.

LE DOCTEUR

C'est assez curieux… on m'a parlé de vous il n'y a qu'un instant.

HÉLÈNE (*étonnée*).

Vraiment ? qui donc ?

LE DOCTEUR

Monsieur Aristide Verdier qui sort d'ici.

HÉLÈNE (*avec un peu de hauteur dédaigneuse*).

Ah ! mais à quel propos vous a-t-il parlé de moi ?

LE DOCTEUR

Il m'a dit que vous étiez très fatiguée, que vous aviez besoin de repos… nous devions même aller vous voir ensemble.

HÉLÈNE

Pourquoi ?

LE DOCTEUR

Mais pour vous délivrer un certificat afin que vous puissiez obtenir un congé, pour aller vous rétablir chez vous.

HÉLÈNE

Je vous remercie, monsieur, de votre bienveillance ; mais d'abord, je n'ai pas de *chez moi* et je ne demanderai pas un congé.

LE DOCTEUR

Pourtant...

HÉLÈNE

Monsieur Verdier ne vous a pas tout dit. Moi, monsieur, je serai franche et je ne vous dirai que la vérité. Monsieur Verdier a un fils qui, l'année dernière, pendant les vacances, m'a fait la cour. Il paraissait très sincèrement épris ; je l'ai écouté, encouragé, il faut le dire, puisque je ne le décourageais pas ; j'étais heureuse aussi qu'on s'occupât de moi... dans les commencements, ce jeune homme ne me déplaisait pas, puis, vous savez ce que c'est, il m'a plu et enfin, je l'ai aimé. D'ailleurs, il était très réservé, très respectueux. Les vacances terminées, il est rentré à Paris, où il faisait ses études. Nous nous écrivions souvent, très souvent même. Il est revenu cette année, le premier janvier, passer quelques jours dans sa famille. Je l'ai revu naturellement, les sentiments que j'éprouvais ne s'étaient pas atténués pendant l'absence... j'avais trop pensé à lui... je me suis donnée.

LE DOCTEUR

Oui.

HÉLÈNE

Oh ! évidemment, j'ai eu tort ; mais ces jours

de fêtes sont si noirs lorsqu'on est seule... je lui étais reconnaissante d'être là, auprès de moi, et de me témoigner de l'affection et de la tendresse... et puis je pleurais, j'étais triste, lâche par conséquent... et puis je l'aimais ! Il est reparti, et puis il est encore revenu dernièrement, à Pâques. Il a retrouvé en moi sa maîtresse... mais après qu'il fût reparti de nouveau, je me suis aperçue que j'étais enceinte.

LE DOCTEUR

Oui.

HÉLÈNE

Quand je lui ai écrit pour lui annoncer cette nouvelle, ce désastre ! il ne m'a pas répondu. Je lui ai écrit d'autres lettres poignantes, monsieur, je vous assure, elles sont toujours restées sans réponse. Je ne vous dirai pas mes désillusions, mon désespoir, mes nuits d'insomnies et de larmes. *(Elle pleure.)*

LE DOCTEUR

Ma pauvre enfant, je les vois bien..... Qu'est-ce qu'il fait à Paris, ce jeune homme ?

HÉLÈNE

Il fait son Droit... il a dû même le terminer cette année.

Le docteur

Quel âge a-t-il ?

Hélène

Vingt-trois ans... Ces jours derniers, son père, monsieur Verdier est venu me trouver et m'annoncer qu'il était au courant de la situation.

Le docteur

Ah !

Hélène

Mais il m'a prévenu qu'il ne fallait pas espérer une *régularisation*, qu'il avait d'autres projets pour son garçon, comme il dit, et qu'il ne lui avait pas fait donner de l'instruction pour qu'il épousât une institutrice ; il ajouta que rien ne prouvait d'ailleurs que le père de mon enfant fût son fils, enfin tout ce qu'un père peut dire en pareil cas. Finalement, il m'a proposé de me faire obtenir un congé et, j'ai honte d'entrer dans ces détails, il m'a offert une petite indemnité.

Le docteur

Que vous n'avez pas acceptée?

Hélène *(nettement).*

Non.

LE DOCTEUR

Je vous demande pardon... à combien se montait cette indemnité ?

HÉLÈNE

Huit cents francs.

LE DOCTEUR

C'est pour rien.

HÉLÈNE

C'est ce que je gagne par an. Evidemment, monsieur Verdier aurait voulu que je m'éloigne... il me conseille d'aller à Paris où il me serait facile de cacher ma faute. Mais, en supposant que j'accepte la somme dérisoire qu'il m'offre, après ? Qu'est-ce que je ferai ? Qu'est-ce que je deviendrai avec ce fardeau sur les bras ? sans ressources, sans appui, car, je vous l'ai déjà dit, je suis seule au monde, personne ne s'intéresse à moi.

LE DOCTEUR

Mais vous retrouveriez sans doute votre place ici.

HÉLÈNE

Si je pars on me remplacera et monsieur Verdier, trop heureux d'être débarrassé de moi, s'arrangera pour rendre mon retour impossible. Je ne suis même pas sûre d'être envoyée en disgrâce dans un autre endroit. Il suffit d'un rapport dénonçant ma faute pour qu'on me chasse de l'enseignement. D'un autre côté, si je ne veux pas partir, je serai révoquée tout de même. Monsieur Verdier est tout puissant ici et sans scrupules. Telle est la situation.

Le docteur

Tout ce que vous me dites là est effroyable, ma pauvre enfant ; mais ne pouvez-vous pas faire une dernière tentative auprès du fils Verdier ? Si vous alliez le trouver... je vous en faciliterais les moyens.

Hélène

Je ne sais même pas où il est. Son père l'a envoyé en Allemagne : il ira de là en Angleterre, il ne reviendra pas avant trois ans.

Le docteur

Alors, qu'allez-vous faire ?

Hélène

Je ne sais pas... je ne sais pas... je suis désespérée. Évidemment je n'ai plus qu'à me tuer, et pourtant je ne veux pas mourir... j'ai dix-neuf ans, je tiens à la vie, c'est extraordinaire, n'est-ce pas ?

LE DOCTEUR

Il ne faut pas non plus que vous mouriez.

HÉLÈNE *(se levant).*

Alors, vous seul pouvez me sauver.

LE DOCTEUR

Moi ?

HÉLÈNE

Oui, vous. Je sais que vous avez des idées généreuses, que vous êtes rempli d'une ardente
pitié pour les misérables.

LE DOCTEUR

Mais en quoi puis-je vous être utile ?

HÉLÈNE *(debout, près du docteur).*

Regardez-moi bien... je ne pleure plus, je sais
maintenant ce que je veux et ma résolution est
bien prise... il ne faut pas que cet enfant vienne
au monde.

LE DOCTEUR

Comment empêcher cela ?

HÉLÈNE

Vous devez le savoir mieux que moi.

Le docteur

C'est donc pour ça que vous êtes venue me trouver?

Hélène

Oui.

Le docteur

Je ne peux pas faire ce que vous me demandez.

Hélène

Pourquoi? je ne vous trahirai pas, personne ne le saura... seuls, les Verdier pourraient parler, mais ils ont trop d'intérêt à se taire et même, s'ils vous soupçonnaient, ils vous sauraient gré d'une solution qu'on n'a pas osé me proposer, mais qui ferait admirablement leur affaire.

Le docteur

Vous vous trompez, mademoiselle, en imputant mon refus à la crainte des gendarmes ou des tribunaux si vous aimez mieux. Je ne peux pas faire ce que vous me demandez, parce que ma conscience et mon devoir professionnel me le défendent.

Hélène

N'y a-t-il pas des cas où le médecin sacrifie l'enfant pour sauver la mère?

Le docteur

Il agit alors en médecin, tandis que vous me demandez de commettre un crime. Je n'ai pas le droit de supprimer une créature humaine.

Hélène

Elle l'est si peu ! Pourtant, si j'avais recours au suicide et c'est ce qui arrivera si vous ne me venez pas en aide, mon enfant mourrait avec moi et, du même coup, deux créatures humaines seraient supprimées. Et puis, l'enfant dont la naissance est attendue ardemment par un père et une mère et dont le berceau sera réchauffé de caresses, celui-là est une existence humaine ; mais celui qui, d'avance, est abandonné par son père, le bâtard qui naîtra dans la misère au milieu des malédictions et des larmes de sa mère, celui-là n'est pas une créature humaine.

Le docteur

Qu'est-ce donc alors ?

Hélène

C'est une infirmité et vous devez m'en délivrer. D'ailleurs, du moment que le père se désintéresse de son enfant, je reste, moi, la seule juge de ce que j'ai à faire... après tout, je suis la maîtresse de ce que je porte en moi !

LE DOCTEUR

Oui, je sais tout ce que vous pouvez dire. Ah ! je vous plains de tout mon cœur.

HÉLÈNE

Ça m'avance bien, en vérité.

LE DOCTEUR

Je suis tout prêt à vous aider de mes conseils, de mes soins quand le moment sera venu ; je m'occuperai, dans la mesure de mes moyens, de vous, de votre enfant ; mais, encore une fois, je ne peux pas faire cette besogne.

HÉLÈNE

Soit : je trouverai à Paris ou autre part des gens moins scrupuleux.

LE DOCTEUR

Sans doute vous en trouverez, mais maintenant que vous m'avez confié votre secret et vos intentions, vous m'avez rendu responsable en quelque sorte de ce qui arrivera.

HÉLÈNE

Vos scrupules sont exagérés.

LE DOCTEUR

Ou alors il ne fallait rien me dire. Mais croyez-vous donc qu'il n'y ait que les enfants légitimes dont le berceau soit réchauffé de caresses? Vous avez décidé que vous n'aimeriez pas cet enfant; mais vous n'en savez rien. L'avez-vous seulement senti remuer en vous? Pas encore..... vous ne pouvez rien savoir. La maternité est un sentiment qui se développera lentement et sûrement dans votre cœur, en même temps que l'enfant dans vos entrailles, et cet enfant que vous voulez détester sera peut-être le but et la joie de votre vie... et votre consolation.

HÉLÈNE

Je ne le crois pas. En admettant qu'il vienne au monde, il faudra donc que je le mette aux enfants assistés, puisque je gagne à peine de quoi vivre moi-même. Douce perspective! Et même si, grâce à des efforts constants, je parviens à l'élever, je ne pourrai pas le garder auprès de moi, puisque je serai obligée de trav... ler, justement pour l'élever. Je devrai l'envoyer en nourrice, puis en pension... je ne le verrai jamais... nous serons toujours séparés... il sera toujours entre des mains étrangères. Franchement, est-ce la peine? Et si je tombe malade, si je meurs, qu'est-ce qu'il deviendra? Il crèvera de faim, pendant que son père fera un mariage riche, épousera une héritière, achètera une étude et vivra égoïste, tranquille, honoré, heureux. Ah! non, ça n'est vraiment pas juste!

Le docteur

Voyons, voyons, ma pauvre enfant, calmez-vous, je vous en prie. Vous vous faites du mal.

Hélène

Peu importe... c'est facile à vous de me prêcher le calme, mais je n'ai que de la rancune et de la révolte dans le cœur. Ah ! voyez-vous, pour élever cet enfant, j'aurais besoin d'autant de haine que d'amour.

Le docteur

Que voulez-vous dire ?

Hélène

Je voudrais élever cet enfant contre son père, comprenez-vous, contre son père..., je voudrais qu'il le rencontrât toujours sur son chemin comme une pierre de scandale et qu'il se dressât toujours devant lui comme un reproche vivant, comme une revendication de chair et de sang, son sang à lui !..... mais pour cela, il ne faut pas que je m'éloigne.

Le docteur

Écoutez, il me vient une idée. Évidemment ce ne sont pas là des sentiments de résignation, mais si vous les exprimez ainsi, c'est que vous avez la force et la volonté de vivre et de lutter pour vous venger. Laissons la résignation aux résignés. Au surplus, étant donné que la loi et partant la Société ne force pas le père à reconnaître son enfant, tant pis pour la Société si elle a plus tard, dans ce même enfant, un ennemi de plus, un révolté! Rien ne se perd. Écoutez, vous pouvez bien attendre jusqu'à demain?

Hélène

Oh ! certainement.

Le docteur

Revenez donc me voir demain... peut-être aurai-je trouvé le moyen que vous ne partiez pas. Allons, à demain, et ayez du courage.

Hélène

Je vous remercie, monsieur, je vous promets que j'en aurai.

Le docteur

J'en suis sûr.

Rideau.

ACTE II

Une ancienne grange dont les habitants de la Clairière ont fait leur salle commune. C'est une vaste pièce aux murs clairs, mais encore nue ; chaises de paille, bancs très simples, rayons garnis de livres : une grande table. Sur la table, un buste et un énorme pot à tabac. Au fond une haute cheminée. A gauche deux fenêtres et une porte au milieu qui s'ouvre sur la campagne verte et ensoleillée : on est au mois de juin. A droite une petite porte. Près de la cheminée, un tableau noir sur lequel on a écrit à la craie cette pensée de Tolstoï : *La richesse est la cause principale de la misère.*

SCÈNE PREMIÈRE

COLLONGES, POULOT, LE PÈRE NU-TÊTE. (*Au lever du rideau, Poulot, sur une échelle, travaille à la décoration de la salle; Collonges, debout devant une table de dessinateur, dessine. Le père Nu-Tête, assis près de la cheminée, les regarde.*)

POULOT (*chantant sur son échelle*).

Toi que ma voix implore...

. . . . , . . .

Éléonore adieu !

COLLONGES (*quand le peintre a fini de chanter*).

Sacré Poulot! tout son répertoire y passera. Pas moyen de s'ennuyer une minute avec lui.

Poulot

On le voudrait, on ne pourrait pas.

Le Père Nu-Tête

Le fait est que monsieur Capoul, c'est l'oiseau
sur la branche. Il en sait des chansons !

Poulot

D'abord, père Nu-Tête, je ne m'appelle pas
Capoul : je m'appelle Poulot. Capoul, c'est un surnom que les cotcries m'ont donné parce que je ne
me fais jamais prier pour en pousser une en
famille. Je m'appelle Poulot.

Collonges

Heureux Poulot ! Tu travailles en chantant !

Poulot

Je cherche à me rendre utile et agréable, comme
les camarades... puisque c'est pour ça qu'on est
ici. Toi-même, Collonges, faut pas faire ton malin,
tu joins l'utile à l'agréable : tu dessines des buffets
pour les ménages de la colonie. Eh bien, tu pourrais exécuter cinq ou six fois le même... au lieu
de ça, tu t'appliques à les varier... à ce que chacun
en possède un différent, pour qu'ça soit plus fri-
vole, plus coquet, qu'on n'ait pas l'air d'habiter
un hospice de vieillards ou un logement d'adju-
dant.

COLLONGES

Sans doute. Il ne faut pas confondre Égalité avec Casernement.

POULOT

Y a tout de même un côté par où les buffets se ressembleront : on ne dansera pas devant !
(*Ils rient.*)

LE PÈRE NU-TÊTE

C'est pas ordinaire.

POULOT (*chantant*).

C'est pour ton charme que je t'aime,...
Pour ton charme tendre et discret,
Comme un pastel blanc de Lancret,
Comme un lys au reflet d'or blême,
C'est pour ton charme que je t'aime !

(*Cependant Bougoin, cordonnier, un colosse, l'air bon enfant, est entré*).

SCÈNE II

LES MÊMES, BOUGOIN

POULOT

Tiens ! voilà Bougoin. D'où donc que tu viens, Délicat ?

BOUGOIN

De la ville.

POULOT

Tu n'as pas rencontré Ménessier par hasard ?

BOUGOIN

Non.

POULOT

Sa dame le cherchait partout, ce matin. Oui, mon vieux, le serrurier a découché, on ne sait pas ce qu'il est devenu.

BOUGOIN

Elle est bonne ! En tout cas, moi, je n'ai pas perdu mon temps. Je crois bien que j'ai fait un chopin pour la colonie.

POULOT

Chouette ! Qui ça ?

BOUGOIN

Vous vous rappelez le couvreur qui est venu nous voir dimanche dernier avec ses deux gosses ?

POULOT

Oui, même qu'ils allaient autant dire nu-pieds.

BOUGOIN

Justement, misère et compagnie ! Alors j'ai pris au tas deux paires de souliers et ce matin j'ai été les porter à la femme du couvreur. Elle en est restée de delà. Elle ne voulait pas croire qu'on lui en faisait cadeau. « Qu'est-ce que je vous dois? qu'elle répétait toujours. » — Rien, que j'y ai répondu... seulement nous avons à la Clairière quelques travaux de couverture en souffrance ; si votre mari, un jour qu'il aura du temps à perdre, veut bien nous donner un coup de main, ça ne sera pas de refus. Chacun entend l'épargne à sa façon ; nous, on met de côté du travail et des services : faites-en part aux amis et connaissances.

POULOT

Et tu crois qu'il s'amènera, le couvreur ?

BOUGOIN

Ça, je n'en sais rien : c'est son affaire. Si j'ai eu trop bonne opinion de lui, nous verrons bien. On sera plus heureux une autre fois. Qu'est-ce que ça nous coûte ? Deux paires de ribouis ; j'en ferai d'autres ! Mais c'est pas tout. J'ai travaillé pour vous aussi, père Nu-Tête..

LE PÈRE NU-TÊTE

Pour moi, monsieur Bougoin ?

BOUGOIN *(tirant de sa toile une paire de bottines).*

Oui, quittez-moi vos reniflants qui ne sont plus à la mode... et mettez-moi ça ; c'est souple, solide, élégant... des bouts anglais !... d'la fantaisie, quoi !

Le père Nu-Tête (*ôte ses vieux souliers et met les
chaussures neuves*).

Merci, monsieur Bougoin. Ça non plus, c'est pas
ordinaire !

Collonges

Tu as raison, Bougoin, la propagande par
l'exemple est encore la meilleure. Il est bon de
faire comprendre aux gens de Villiers que ce
n'est pas seulement pour les habitants de la colonie que nous mettons des produits au tas... Mais
l'idée qu'on puisse se passer de galette n'entrera
pas facilement dans la tête des femmes.

Bougoin

C'est surtout le boulanger et l'épicier qui feront
de la résistance. Mais quand nous aurons gagné
les femmes à notre cause, nous n'aurons pas d'as-
sociés plus dévoués. (*A Poulot.*) Qu'est-ce que tu
disais donc tout à l'heure, Poulot ? Ménessier a
disparu ?

Poulot

Depuis hier soir, oui. J'ai peur qu'il ne s'amuse
pas avec nous.

Bougoin

Tant pis ! son départ serait une perte pour
nous. C'est un bon ouvrier.

COLLONGES

Il n'a qu'un défaut : la nostalgie du mastroquet. S'il y en avait un à la Clairière, il ne s'y ennuierait pas ; mais il est obligé d'aller jusqu'à Villiers pour s'arroser... c'est trop loin.

BOUGOIN

Faut tout de même tâcher de le retenir. Sa femme aussi nous rend bien des services. Elle est débrouillarde. Depuis qu'elle vend au marché les produits de la Clairière, les camarades n'ont plus besoin d'aller travailler en ville chez des patrons, pour rapporter l'appoint de leur salaire. C'est quelque chose.

COLLONGES (*montrant le buste sur la table*).

Dis donc, Bougoin, si tu n'as rien à faire, tu devrais bien nous débarrasser du buste de Mouvay, qui devient encombrant. Si nous ne comptons que sur Ménessier pour le poser, nous risquons d'attendre longtemps. Voilà trois semaines qu'il tourne autour. Moi, je l'ai assez vu, le patron ?

BOUGOIN

Allons, avoue qu'il a eu tout de même un bon mouvement.

COLLONGES

Oui, le dernier : il a eu un spasme de générosité,

mais ce n'est pas une excuse. La fin du parvenu
ne justifie pas ses moyens de parvenir.

BOUGOIN

Laisse-le donc tranquille, cet homme, il n't'entend plus.

COLLONGES

En tout cas, sa présence ici, même en plâtre,
était si peu nécessaire !... Enfin, vous êtes d'un
avis différent... à votre aise !

BOUGOIN

Ce n'est pas tout ça... Où le met-on ?

COLLONGES

Mais là... au-dessus de la porte, comme c'était
convenu.

BOUGOIN

C'est bien... je m'en charge. Capoul va me prêter
son échelle. (*Au père Nu-Tête.*) Vous, l'ancien,
vous allez m'aider.

LE PÈRE NU-TÊTE (*se lève*).

Avec plaisir.

BOUGOIN

Vous me passerez le portrait du monsieur

POULOT

N'est-ce pas qu'il a une bonne tête, notre bienfaiteur?

LE PÈRE NU-TÊTE *(prenant le buste).*

Il a l'air bien respectable.

COLLONGES

Comme quoi il ne faut pas se fier aux apparences !

POULOT *(au père Nu-Tête qui a pris le buste dans ses bras).*

Oh! ne bougez plus, papa !... *Le Capital dans les bras du travail,* Groupe !... Il ne manque plus qu'un square autour pour l'inauguration.

BOUGOIN *(en haut de l'échelle).*

Quittez la pose, allez, père Nu-Tête, elle durerait trop longtemps... il faut fixer la console... elle ne tiendrait pas... Je vais chercher des crampons et des taquets, nous allons arranger ça.

POULOT *(au père Nu-Tête qui dépose le buste).*

C'est lourd, hein, papa !

COLLONGES

Le buste d'un bienfaiteur est toujours lourd !...

Poulot *(chantant)*.

Vous êtes si jolie !...
O mon bel ange blond.

. . . .

(Cependant Bougoin descend de son échelle et sort.)

SCÈNE III

POULOT, COLLONGES, LE PÈRE NU-TÊTE. *(Le père Nu-Tête ayant remis le buste sur la table et rangé ses vieux souliers, tandis que Poulot chante, vient s'asseoir en face de Collonges qu'il regarde travailler. Poulot a repris sa décoration.)*

LE PÈRE NU-TÊTE *(à Collonges, timidement)*.

C'est-y pas aujourd'hui qu'il vient, monsieur le docteur ?

COLLONGES

Oui, père Nu-Tête... du moins, je crois... Pourquoi me demandez-vous ça ? Est-ce que votre blessure ne se cicatrise pas ?...

LE PÈRE NU-TÊTE

Au contraire, monsieur Collonges, au contraire.

COLLONGES

Je vous ai déjà défendu de m'appeler monsieur. Je suis votre camarade, nous sommes tous vos camarades, ici.

Le père Nu-Tête

C'est vrai que tout le monde est ben bon pour moi... on m'soigne, on m'nourrit, j'couche dans un lit... tout ça pour rien. C'est pas ordinaire... Je ne me reconnais pas... j'engraisse.

Collonges

Pas beaucoup.

Le père Nu-Tête

Si ! si ! y a longtemps que je ne m'étais vu à pareille fête.

Collonges

Combien de temps ?

Le père Nu-Tête

Dame ! quarante, quarante-cinq ans.

Collonges

Quel âge avez-vous donc ?

Le père Nu-Tête

Soixante-dix ans sonnés. *(Un silence.)* Je parais davantage, pas vrai ?

Collonges

Mais non, père Nu-Tête, mais non... Qu'est-ce que vous faisiez à Paris ?

LE PÈRE NU-TÊTE

Oh ! j'ai fait à peu près tous les métiers où l'on meurt de faim. Dans les derniers temps, j'étais gardien de travaux... la nuit... je couchais dans les maisons en construction, vous savez... ou bien sur la voie publique, au bord des tranchées. C'est là que j'ai gagné ma bronchite, l'hiver passé... En sortant de l'hôpital, j'ai cherché de l'ouvrage, mais je n'ai rien trouvé, rapport à ce que j'étais trop vieux... on n'a voulu de moi nulle part. Ça fait que je suis parti à pied... et j'ai été devant moi, jusqu'à ce que je tombe... Heureusement que j'ai bien tombé.

COLLONGES

Vous n'avez pas toujours vécu seul.

LE PÈRE NU-TÊTE

Oh ! non, j'ai eu une femme... des enfants...

COLLONGES

Qu'est-ce qu'ils sont devenus ?

LE PÈRE NU-TÊTE

J'ai eu un garçon qui est mort au Tonkin... des fièvres... et puis une fille... qui a disparu.

COLLONGES

Et votre femme ?

LE PÈRE NU-TÊTE

Je l'ai perdue, il y a deux ans, à l'hôpital... C'est pas ordinaire... Quand je suis venu pour la voir, elle était enterrée depuis deux jours. Je n'avais plus de domicile, alors, comme de juste, on n'avait pas pu m'avertir, vous comprenez...

COLLONGES

Oui. *(Silence.)* Enfin, vous voilà tranquille à présent?

LE PÈRE NU-TÊTE

Oh! pas pour longtemps.

COLLONGES

Comment ça? Vous voulez vous en aller?

LE PÈRE NU-TÊTE

Moi, non, mais je serai bientôt guéri. Voulez-vous que je vous dise, monsieur Collonges, et vous aussi, monsieur Capoul? Vous êtes de braves gens... vous ne me trahirez pas... Eh! bien, je triche. Je serais assez fort pour me remettre en chemin... monsieur le docteur, qui a pourtant l'air ben bon, lui aussi, finira par s'en apercevoir.

POULOT

Et vous avez peur qu'il ne vous signe votre billet de sortie?

LE PÈRE NU-TÊTE

Voilà ! Vous m'avez trop gâté !... je n'ai plus le courage de partir. Ce matin, comme tous les matins, j'ai été m'asseoir au bout du jardin où il y a tant de roses, et si belles, et qui sentent si bon !... J'étais là, le dos au soleil... Sacré soleil, il m'a cuit et recuit, il m'a vieilli de dix ans... Eh bien ! ces dix années-là, ce matin il me les enlevait comme avec la main... Et je me disais : « Ah ! non, père Nu-Tête ! c'est pas ordinaire ; ça peut pas durer. Jouis de ton reste, mon vieux, demain faudra reprendre le bâton et dire adieu à tout ça ! » Alors, j'ai fait une dernière fois mon petit tour de propriétaire... et j'ai cueilli cette rose-là, pour la route.

COLLONGES

Vous dites bien, père Nu-Tête : votre tour de propriétaire.

POULOT

Vous êtes proprio, et c'est bien votre tour.

LE PÈRE NU-TÊTE

Ne vous moquez pas du pauvre monde.

COLLONGES

Je ne plaisante pas.

Le père Nu-Tête

Si tout le monde vous ressemblait, je ne dis pas...

Collonges

Mais tout le monde ici me ressemble... Rouffieu, Poulot, Bougoin... tous enfin. Hier soir, au conseil de famille on a justement parlé de vous et l'on a décidé que vous resteriez ici, tant que vous vous y trouveriez bien.

Le père Nu-Tête

C'est vrai ? Mais qu'est-ce que je ferai ?

Collonges

Rien, si vous voulez. Quand vous pourrez nous rendre un petit service, par-ci par-là, on vous en sera reconnaissant, voilà tout.

Le père Nu-Tête

Alors c'est les autres qui travailleront pour moi ?

Collonges

Il y a assez longtemps que vous travaillez pour les autres.

Le père Nu-Tête

Eh bien! c'est encore ça qu'est pas ordinaire.

Non, c'est trop beau... c'est un rêve... Est-ce que j'ai des titres à... à tout ça ?

POULOT

Des titres ? Mais je suis sûr que vous en êtes plein ! Père Nu-tête, je suis orphelin... je vous adopte !

LE PÈRE NU-TÊTE (vraiment confus)

Oh ! m'sieur Capoul !

SCÈNE IV

LES MÊMES, ROUFFIEU

ROUFFIEU (entrant par la petite porte de droite). Bonjour, camarades.

POULOT

Bonjour, Rouffieu.

ROUFFIEU

Madame Ménessier n'est pas encore revenue du marché ?

POULOT

Non. Et Ménessier manque toujours à l'appel.

ROUFFIEU

J'avais peur d'être en retard. Testud est allé aussi vendre un veau ce matin... nous avons besoin d'argent pour les impositions; mais je suis sans crainte, on les paiera... Ça te fait sourire, Collonges?

COLLONGES

Oui, vous êtes vis-à-vis de la société que vous avez répudiée, dans la situation d'un divorcé condamné à payer une pension alimentaire à son ancienne femme. Vous avez toutes les charges du mariage.

ROUFFIEU

Dis plutôt toutes les charges du divorce. L'essentiel est de ne plus avoir la femme. Nos relations avec la société, nous les avons réduites à un minimum. Indique-nous un moyen de rendre nos rapports encore moins fréquents...

COLLONGES

Oh! moi, mon opinion tu la connais : on ne plante pas un clou dans une planche pourrie. Il faut d'abord changer la planche. Vous prétendez me prouver que j'ai tort... je ne demande pas mieux que de me tromper, et même je joins loyalement mes efforts aux vôtres pour enfoncer le clou et qu'il tienne ; que puis-je faire de plus?

ROUFFIEU

Oui, tu es un camarade dévoué... mais ton penchant à tout critiquer découragerait des gens moins convaincus que nous. Enfin, voyons, est-ce que nous ne vivons pas dans la joie, la sécurité, l'harmonie ?

POULOT

Hé ! ah ! voilà la voiture qui revient du marché avec madame Beau, madame Menessier, Testud et... attendez donc !... Mais oui, c'est Ménessier. Eh bien, il est frais, le client !.. madame Ménessier fait signe qu'on aille l'aider à décharger la bagnole... Venez-vous, père Nu-Tête...

(Ils sortent. On aperçoit la voiture arrêtée devant la porte.)

SCÈNE V

BOUGOIN, ROUFFIEU, COLLONGES, Mᵐᵉ MÉNESSIER, Mᵐᵉ BEAU, MÉNESSIER, TESTUD

Mᵐᵉ MÉNESSIER *(poussant son mari encore légèrement ivre).*

Tenez ! regardez-moi ça ! Si c'est permis de se mettre dans des états pareils ! Voulez-vous savoir où je l'ai ramassé ? Au bord de la route, dans le fossé. C'est là qu'il a passé la nuit.

MÉNESSIER

Je vas vous dire : c'est pour la colonie...

Mme MÉNESSIER

Ne mens donc pas! T'avais rien à faire à Villiers. Et moi qui étais heureuse de venir ici, rapport qu'il n'y avait pas d'marchands d'vins !

MÉNESSIER

J'dis la vérité ; c'est pour la propagande. J'ai rendu service à des amis ; ils voulaient me payer ma journée. « Pour qui qu'vous m'prenez ? qu'j'ai fait. Je ne travaille pas pour de l'argent. Je n'accepte que les échanges en nature, sans estimation de valeur ; des échanges en nature, tant qu'on voudra ! » Alors, ils m'ont emmené chez l'bistro... où l'on s'est peut-être un peu attardé...

Mme MÉNESSIER

Et c'est ça que t'appelles de la propagande pour la colonie?.. Quel bénéfice en retirera-t-elle, la colonie? Maintenant que tes amis t'ont rincé, ils doivent se considérer comme quittes envers toi, envers nous...

MÉNESSIER

Tu crois?

Mme MÉNESSIER

Probable! Demande à monsieur Rouffieu. Il est

joli l'exemple qu'tu donnes ! Tu devrais être honteux. Qu'est-ce qu'on pensera de nous à présent !

MÉNESSIER

Mais alors, je ne suis qu'un malpropre... c'est vrai, un malpropre !

Mme MÉNESSIER

C'te fois-ci, tu n'mens pas.

MÉNESSIER

J'suis pus digne de faire partie de la colonie ; non, j'en suis pus digne !... Chassez-moi... j'vous déshonore ; ça rejaillit sur vous. Punissez-moi... punis-moi, Rouffieu, t'as le droit.

ROUFFIEU

Mais non, je n'en ai pas le droit. Il n'y a pas de salle de police ici ; tu reconnais ta faute, tu n'y retomberas plus.

MÉNESSIER

Ça, Rouffieu, je te le promets.

ROUFFIEU

Rentre chez toi et fais un somme.

Mme MÉNESSIER

Si c'est là tout ce que vous trouvez à lui dire, il recommencera demain.

MÉNESSIER

La bourgeoise a raison: oui, j'mérite au moins une amende... Foutez-moi une amende.

Mme MÉNESSIER *(vivement)*.

Je ne demande pas ça, mais un avertissement, quelque chose...

ROUFFIEU

Voyons, Ménessier, tu n'es pas un enfant et je ne suis pas un patron... Quand tu seras de sang-froid, nous causerons. Assieds-toi là. Maintenant, madame Ménessier, faisons nos comptes.

(Ménessier s'assied et rumine.)

Mme MÉNESSIER

Voilà nos comptes, monsieur Rouffieu: pour les légumes, le beurre, les œufs, vingt-sept francs, et puis trois poulets que j'ai vendus, douze francs... ça nous fait donc trente-neuf francs.

ROUFFIEU *(écrivant sur son carnet)*.

Nous disons : trente-neuf francs.

Mme MÉNESSIER

Ah!... et six sous que j'oubliais... faut les compter.

ROUFFIEU

Trente-neuf francs trente centimes.

Mme MÉNESSIER

Desquels il faut déduire l'épicerie que madame
Beau a achetée... comme de bien entendu.

ROUFFIEU

Combien ?

Mme MÉNESSIER

Dix francs cinquante-cinq.

ROUFFIEU

Reste donc vingt-huit francs soixante-quinze.

Mme MÉNESSIER

C'est exact. *(A son mari.)* Allons, viens, toi !

MÉNESSIER *(debout)*.

Tu m'en veux pas, Rouffieu ?

ROUFFIEU

Pas du tout ! Nous avons tous nos faiblesses...
tu seras plus raisonnable une autre fois.

MÉNESSIER

Ça, je le jure !.. si je recommence, je veux
bien qu'on m'attache !

Mme MÉNESSIER (*l'entraînant*).

Ah! des promesses, tant qu'on en veut!
(*Ils sortent.*)

SCÈNE VI

LES MÊMES, moins le ménage MÉNESSIER

ROUFFIEU

A nous deux, maintenant, Testud. Le veau, est
vendu?

TESTUD (*face rasée et rusée de paysan*).

Si j'ai vendu l'viau?

ROUFFIEU

Oui.

TESTUD

Ben sûr qu'il est vendu?

ROUFFIEU

Combien?

TESTUD

Combien que j'l'ai vendu?

ROUFFIEU

Oui.

TESTUD

Oh! pas cher. J'disais ben : l'moment n'est guère favorable. On aurait dû attendre... m'écouter.

ROUFFIEU

Comment! t'écouter? On t'a laissé libre. Là-dessus tu es mieux renseigné que nous.

TESTUD

Ben sûr! seulement, un viau d'six semaines, c'est trop jeune... et puis, sa mère était trop vieille... Enfin, ce qui est fait est fait, y a pus à y revenir.

ROUFFIEU

Alors, nous disons?...

TESTUD

Dans c'moment ici, on n'les vend pas leu prix. Enfin, fallait ben payer les impositions, pas vrai?

ROUFFIEU

Mais pourquoi dis-tu tout ça?

TESTUD

J'dis tout ça, j'dis tout ça... on s'explique, quoi ! Je n'voudrais pas avoir de reproches...

ROUFFIEU

Mais on ne te reproche rien. Chacun agit dans l'intérêt général.

TESTUD

Ben sûr.

ROUFFIEU

Enfin, combien ?

TESTUD

Quarante francs.

ROUFFIEU

Quarante francs ?

TESTUD

Ah ! c'est pas son prix, ben sûr... J'n'ai pas pu obtenir une centime de plus.

ROUFFIEU

C'est peu, en effet. Tant pis ! Tu as l'argent ?

TESTUD

Oui, j'ai l'argent.

ROUFFIEU

Eh ! bien, donne-le.

TESTUD

Voilà ! un napoléon, un louis de dix francs et deux écus de cinq francs.

ROUFFIEU

C'est bien le compte.

TESTUD

Maintenant, si tu crois qu'un autre sera plus commerçant, la prochaine fois, faudra l'envoyer à ma place.

ROUFFIEU

Il n'est pas question de ça. Prenons donc l'habitude d'assumer les responsabilités de nos actes, sans surveillance ni contrôle.

TESTUD

Je n'demande pas mieux... Je n'demande pas mieux... (*Il attire à lui le pot à tabac et sort de sa poche une énorme pipe qu'il bourre. Bougoin le regarde faire. Depuis le commencement de la scène, il s'est occupé de fixer la console au-dessus de la porte, en se servant de l'échelle de Poulot ; puis il a placé le buste sur la console.*)

BOUGOIN

Eh ! bien, quand celle-là fera des petits, j'en retiens un.

ROUFFIEU

Ah ! ça, tu fumes donc, à présent ?

TESTUD

Dame, puisque le tabac est en commun pour *tertous*, c'est ben l'moins que j'en ayons chacun not'part.

ROUFFIEU

Bon ; seulement je croyais que ça te faisait mal au cœur.

BOUGOIN

Oh ! c'était pas ça qui lui faisait mal au cœur, c'était de le payer... n'est-ce pas, Testud ? (*Il entraîne Testud, en donnant de grands coups de poing de camaraderie au paysan.*)

SCÈNE VII

ROUFFIEU, COLLONGES, Mme BEAU

ROUFFIEU

Vous désirez quelque chose, madame Beau ?

Mme BEAU (*petite, rousse, l'air pas bon : elle
     regarde Collonges à la dérobée.*)

C'est que...

ROUFFIEU (*comprenant sa méfiance*).

Vous pouvez parler devant Collonges ; nous
n'avons rien de caché les uns pour les autres,
j'imagine.

Mme BEAU

C'est juste. Eh ! bien, je voulais vous dire que
Testud vous vole. C'est pas quarante francs qu'il
a vendu le veau, c'est quarante-cinq.

ROUFFIEU

Comment le savez-vous

Mme BEAU

On sait ce qu'on sait. Il y a longtemps que je
me méfiais de celui-là. J'aurais pu le prendre la
main dans le sac, mais à la réflexion, j'ai mieux
aimé vous prévenir.

ROUFFIEU

Vous avez eu à la fois tort et raison. Vous avez
eu raison de ne pas faire éclater au dehors un
scandale fâcheux pour la colonie, et vous avez eu
tort de me rapporter une découverte que je préfé-
rerais ignorer.

Mᵐᵉ BEAU

Cependant, si quelqu'un ici doit intervenir...

ROUFFIEU

Ce n'est pas moi nécessairement. Rien ne vous autorise à me traiter en maître ou en contremaître. Je ne suis ni l'un ni l'autre, parce que nous croyons pouvoir précisément nous passer des deux.

Mᵐᵉ BEAU (*rageuse*).

Alors il faut laisser Testud nous voler sans rien dire ? Il faut laisser Ménessier se saouler, pendant que mon homme s'esquinte à son métier de tisseur ?

ROUFFIEU

Je ne dis pas ça. Nous trouverons, les camarades et moi, un moyen de faire sentir à Testud son indélicatesse. En cas de récidive, nous prendrons des mesures pour le mettre dans l'impossibilité de nous nuire...

Mᵐᵉ BEAU

Et si tout ça ne suffit pas ?

ROUFFIEU

Soyez tranquille ; alors, Testud comprendra de lui-même que sa présence ici n'est plus nécessaire et il retournera satisfaire ses instincts commerciaux dans la société qui lui reste ouverte Quant à Ménessier, lui aussi mérite un peu d'indulgence. Il a beau se griser quelquefois, c'est un excellent ouvrier et qui a vite fait de rattraper le temps perdu. Nous n'en sommes pas à chicaner sur le nombre d'heures de travail de chacun d'entre nous.

Mme BEAU

Si c'est comme ça, mettons que je n'ai rien dit. C'est égal, je vous trouve par trop coulant. C'est pas votre avis, monsieur Collonges ?

COLLONGES

Ma foi, madame Beau, si vous voulez mon avis, je trouve que l'abus de confiance de Testud et l'intempérance de Ménessier ne me paraissent pas plus pénibles que votre dénonciation.

Mme BEAU

Ah ! bien ! Il ne manquait plus que ça !

COLLONGES

Voyons, seriez-vous contente si nous révélions à Testud le nom de la personne qui témoigne contre lui ?

Mme BEAU

Je vous défends bien de dire que c'est moi !

COLLONGES

Vous voyez bien ! En vous jugeant vous-même, vous démontrez l'inutilité de nous juger les uns les autres.

Mme BEAU

Si vous le prenez comme ça, bonjour !
(*Elle sort en faisant claquer la porte.*)

ROUFFIEU

Elle est capable de faire une bêtise.

COLLONGES

Tu devrais voir son mari : elle a beaucoup d'empire sur lui.

ROUFFIEU

Oh ! il est long à s'émouvoir.

COLLONGES

C'est vrai qu'il n'a guère qu'une colère tous les deux mois, mais quand elle éclate, par exemple, gare la casse !

ROUFFIEU

Tu as raison. Je vais tâcher d'empêcher ou au moins de retarder l'explosion... (*Il sort et sur la porte rencontre Hélène.*) Bonjour Mlle Hélène !

HÉLÈNE

Bonjour, monsieur Rouffieu.

SCÈNE VIII

COLLONGES, HÉLÈNE

HÉLÈNE *(elle entre, et voyant Collonges en train de travailler)* :

Oh ! pardon, monsieur Collonges... Je vous dérange.

COLLONGES

Mais, pas du tout, mademoiselle, vous ne me dérangez jamais... Vous venez de vous promener?...

HÉLÈNE

Oui, je viens de me promener dans la campagne avec les enfants.

COLLONGES

Vous leur avez fait la classe.

HÉLÈNE

Oh ! non, je m'applique à ne pas leur faire la classe au contraire ; mais c'est très difficile quand on a passé des examens pour être institutrice, il vous en reste toujours un peu de pédagogie qu'il est malaisé d'oublier tout à coup. Enfin, pour le moment, je leur apprends à regarder ce qui les entoure : les arbres, les plantes, les fleurs, les animaux ; je les encourage à me poser des questions auxquelles je réponds de mon mieux.

COLLONGES

Ils sont gentils avec vous, ils vous écoutent bien ?

HÉLÈNE

Je n'ai pas à m'en plaindre, ils sont pleins de bonne volonté et d'affection.

COLLONGES

C'est que vous savez les prendre.

HÉLÈNE

Je les aime. Tout est là.

COLLONGES

Oui, tout est là. Je vous regardais partir ce matin, vous et les petits, avec votre robe et votre chapeau garni de coquelicots, vous aviez l'air d'une jolie poule noire qui mène ses poussins aux champs... vous aviez l'air heureuse.

HÉLÈNE

Comment ne pas l'être ici? Et puis, ces prome-

nades avec les enfants, c'est une joie pour moi.
La campagne est si belle en ce moment. Je ne la
connaissais pas, c'est une révélation. J'ai été
élevée à Paris, dans un quartier misérable, sans
lumière et sans air. Avant de venir ici, je ne savais
pas ce que c'était que les prairies, les bois ; j'ai
appris la botanique dans les livres sans avoir vu
un arbre ni une fleur. Je ne sortais jamais, mes
parents travaillaient toute la semaine et même le
dimanche... j'ai appris que le pain était une chose
difficile à gagner sans avoir jamais vu un champ
de blé. Alors, ça m'amuse autant que les enfants
de connaître enfin les choses dont je leur parle.

COLLONGES

C'est comme moi : j'ai appris ce que c'était que
la Liberté, l'Égalité, la Fraternité sans les avoir
jamais vues autrement qu'inscrites sur la façade
des monuments publics, et je ne suis pas le seul
pour lequel ces trois beaux sentiments ne représentent que trois grands mots et des lettres noires
hautes comme ça.

HÉLÈNE

Les enfants qui sont ici sont plus heureux que
nous : ils voient tout ça.

COLLONGES

Oui... ils voient des pommes de terre et du blé.

HÉLÈNE

Ils voient aussi la solidarité, la bonne volonté,
l'aide mutuelle.

COLLONGES

Oh ! ça, c'est une autre affaire.

HÉLÈNE

Pourtant, il me semble bien que je les vois.

COLLONGES

Oui... il vous semble... vous n'êtes ici que depuis trois semaines.

HÉLÈNE

Comme vous êtes sceptique, monsieur Collonges !

COLLONGES

Oui, les compagnons aussi me traitent de sceptique, quand je leur dis qu'ils sont en pleine lune
de miel. Ici, on m'a surnommé l'Amateur ! Enfin,
d'eux ou de moi, on verra qui a raison.

HÉLÈNE

Eh ! bien, moi, je ne suis pas comme vous. Tout
ici me plaît et me séduit. Cette vie nouvelle m'en-
chante... Elle est si différente de celle que je me-
nais à Villiers !

COLLONGES

Vous êtes comme le père Nu-Tête, vous trouvez que ça n'est pas ordinaire.

HÉLÈNE

Si vous voulez. Oui, je suis enthousiaste de vos théories généreuses… j'admire la façon dont tous vous les mettez en pratique, et cette religion nouvelle, car c'est une religion, du moins ça la remplace, je voudrais mieux la connaître.

COLLONGES

Mais vous la connaissez pour en parler avec tant de ferveur.

HÉLÈNE

Je me rends bien compte que je ne sais rien, que je ne suis qu'une ignorante avec mes diplômes, et que j'ai tout à apprendre. Ainsi, quand vous causez avec monsieur Rouffieu, je ne comprends pas toujours tout ce que vous dites. Alors je voudrais être initiée, comprenez-vous.

COLLONGES

La meilleure initiation c'est d'avoir souffert.

HÉLÈNE

Ça ne suffit pas. Il faut aussi éclairer sa propre souffrance ; autrement on souffre comme des bêtes, sans profit pour soi-même. Alors j'étais venu vous demander un conseil.

COLLONGES

A moi ?

HÉLÈNE

Oui, à vous ; mais vous n'allez pas vous moquer de moi. Qu'est-ce qu'il faut lire pour être au courant ?

COLLONGES *(souriant).*

Pour être au courant. Oh ! il y a bien des livres à lire. Il n'en manque pas. Tenez, tout ça, c'en est. Et l'on nous en envoie encore ! J'ai toujours envie de crier : « N'en jetez plus, la bibliothèque est pleine ! » Tous ces bouquins-là, voyez-vous, constatent l'inégalité, la souffrance et la misère humaines ; comme si l'on avait besoin d'eux pour constater ça ! Mais aucun ne fournit les moyens pratiques d'y remédier. *(Cependant Adèle Rouffieu, dehors, s'est arrêtée devant la fenêtre ; elle regarde Hélène et Collonges qui lui tournent le dos et ne la voient pas, puis disparaît.)*

HÉLÈNE

Ça viendra. En attendant, je voudrais m'instruire, connaître les différents systèmes, les différentes doctrines.

COLLONGES *(se dirigeant vers les rayons où sont les livres).*

Si vous y tenez, je peux bien vous indiquer quelques livres ; mais je vous préviens, ça ne vous amusera pas... *(Cependant, il a choisi deux ou trois volumes.)*

HÉLÈNE

M'amuser, non ; mais ça peut me passionner. Après tout, vous pensez peut-être que les femmes ne doivent pas se mêler de ces questions-là ?

COLLONGES

Tout à l'heure avec les camarades, on disait précisément qu'il fallait gagner les femmes à notre cause ; il y a chez elles des énergies qu'on peut utiliser.

HÉLÈNE *(avec exaltation).*

Elles l'ont prouvé. Il y en a qui ont su mourir pour votre cause.

COLLONGES

Comme vous dites ça ! Voudriez-vous être une héroïne, une martyre ?

HÉLÈNE

On ne *veut* pas être une héroïne ou une martyre... on est l'une ou l'autre, si les circonstances le décident.

Collonges

Méfiez-vous en tout cas de vouloir jouer un rôle. Parfois l'apostolat est voisin du cabotinage.

Hélène

Ce n'est pas mon intention. Pourquoi me dites vous ça ?

Collonges

On a si vite fait de se monter la tête... Allez, j'ai le droit de vous dire ça parce que, moi-même, j'ai été à deux doigts des pires résolutions. J'ai voulu faire passer l'épouvante sur la face du monde. . pour la changer. J'étais enivré de lectures, aveuglé de doctrines; je marchais dans un rêve, les yeux fixés sur ceux qui ont donné des exemples violents et fameux... Alors, j'ai failli les imiter. Voilà pourquoi je vous dis ça.

Hélène

Rassurez-vous ! Je n'ai pas tant d'ambition : je ne demande que la force d'élever mon enfant pour le donner à votre cause.

Collonges *(la regardant dans les yeux)*.

Cette force-là, vous ne la puiserez pas dans des livres, mais dans vos souvenirs.

Hélène

Je préfère ne pas me souvenir... alors, **quand** je n'ai rien à faire, je redoute de penser et je voudrais avoir l'esprit occupé. Que voulez-vous? Ma vie en tant que femme est finie.

Collonges

Oh! Finie!...

Hélène

Mais oui, allez, je ne me fais pas d'illusions. Alors, je veux avoir une occupation. J'entreprendrais n'importe quelle étude et plutôt celle-là qu'une autre, puisqu'elle me permettra d'être utile. Et puis, je ne veux plus que l'ennui entre à nouveau dans ma vie. Je ne le veux pas. C'est le mauvais conseiller, le pire ennemi.

Collonges

Vous avez déjà connu l'ennui?

Hélène

Oui..... quand j'étais à l'école communale de Villiers. Vous ne vous imaginez pas ce qu'est l'existence d'une institutrice dans une petite ville de province. A quatre heures, après la classe, que faire? L'été encore, on peut sortir, prendre l'air; mais l'hiver, quand il fait nuit de bonne heure, où aller? On est seule, dans une chambre triste, devant un maigre feu : on écoute le vent dans la cheminée, la pluie contre les vitres. Ah ! ce n'est pas gai et les soirées paraissent longues. Alors l'ennui, l'ennui vous enveloppe et vous pénètre comme une sinistre humidité.

COLLONGES

Oui, je comprends, et c'est dans un de ces moments-là que le fils Verdier est venu et qu'il vous a...

(*Violemment, il jette sur la table les livres qu'il tient à la main.*)

HÉLÈNE

Quoi donc ! Qu'avez-vous ?

COLLONGES (*comme honteux*).

Je n'ai rien, mademoiselle, je n'ai rien... je vous demande pardon.

(*Un silence.*)

HÉLÈNE (*prenant les livres sur la table*).

Ce sont les livres que je vous demandais ?

COLLONGES

Oui, vous pouvez lire ça : ce sont de très beaux livres. Seulement, ceux qui les ont écrits sont partis d'une idée fausse en croyant les hommes non pas pires mais meilleurs. Et puis ils n'ont pas tenu compte qu'il y aurait des hommes et des femmes dans la société nouvelle qu'ils rêvent, comme il y en a dans celle qu'ils veulent détruire et, qu'entre ces hommes et ces femmes, il y aurait l'amour, l'amour source de troubles, de discordes, de jalousie, de haines... enfin l'amour ! c'est tout dire. *(Il revient à sa table de travail.)*

HÉLÈNE

J'emporte ces livres... dès que je les aurai lus, je les rapporterai.

COLLONGES

Oh ! vous pouvez les garder aussi longtemps que vous voudrez... on ne les lit pas beaucoup ici.

HÉLÈNE

Au revoir, monsieur Collonges.

COLLONGES

Au revoir, mademoiselle.
(Elle sort.)

SCÈNE IX

COLLONGES, ADÈLE ROUFFIEU

(Collonges resté seul, regarde, rêveur, la campagne, puis se remet au travail. On entend une voix de femme qui chante:

L'amour des belles n'a qu'un temps,
Il passe comme le printemps.
Etranges amours que les nôtres !
Aujourd'hui, je suis ton amant
Et je t'adore follement,
Toi tu m'aimes tout simplement
Comme les autres.

Adèle Rouffieu apparaît à la porte et entre en chantant les dernières mesures de la romance.)

ADÈLE *(grande, assez belle, très femelle surtout, de beaux yeux, une bouche sensuelle).*

Bonjour, Collonges.

COLLONGES

Bonjour, madame Rouffieu.

ADÈLE

Je cherche mon homme..... vous ne l'auriez pas vu, par hasard ?

COLLONGES

Il était là il y a un quart d'heure.

ADÈLE

Il était là il y a un quart d'heure

COLLONGES

Oui.

ADÈLE

Et vous ne savez pas où il est allé?

COLLONGES

Non.

ADÈLE

Oui... Non... Vous n'êtes pas bavard ce matin.....
ça ne vous change pas d'ailleurs, vous êtes bien
aussi aimable un jour comme l'autre. Allons, je
vous laisse. (*Elle se dirige vers la porte, puis
revient s'accouder sur la table, près de Collonges.*)
Qu'est-ce que vous faites là?

COLLONGES

Vous le voyez... je dessine.

ADÈLE

Ah! vous dessinez!... Qu'est-ce que vous dessinez?

COLLONGES

Un buffet.

ADÈLE

Pour mademoiselle Hélène?

COLLONGES

Non, pour madame Ménessier.

Adèle

Il sera plus beau celui de mademoiselle Hélène.

Collonges

Il sera comme les autres.

Adèle

Avec ça : il n'y aura rien de trop beau pour elle. Vous allez lui faire un Henri II pour le moins. (*Collonges ne répond pas, Adèle poursuit.*) Elle est jolie, l'institutrice, vous ne trouvez pas ? Elle est distinguée, surtout : c'est ça... distinguée... elle a des belles manières..... Vous savez que je vous ai vus tout à l'heure, avec mademoiselle Hélène.

Collonges

Vous avez bien pu nous voir : nous ne nous cachions pas.

Adèle

Oui, je passais devant la fenêtre... je me suis même arrêtée pour vous regarder, mais vous étiez si occupés à bavarder tous les deux que nous ne m'avez même pas vue.

Collonges

C'est possible.

Adèle

Bien sûr que c'est possible puisque je vous le

dis. Vous aviez l'air très tendre avec elle !... Vous savez ce qu'on dit à la Clairière ?

COLLONGES

Non.

ADÈLE

On dit que vous y faites du plat à l'institutrice, que vous en êtes amoureux.

COLLONGES (à la fin impatienté).

Taisez-vous donc, madame Rouffieu et occupez-vous de vos affaires à vous, ça vaudra bien mieux. Est-ce drôle que vous ne puissiez pas vivre sans commérages et sans potins ! Vous ne savez pas ce qui vous manque ici ? C'est une loge de concierge pour aller jacasser. Ça vous manque comme le mastroquet manque à Ménessier, c'est la même chose. Et puis j'ai à travailler... laissez-moi un peu tranquille.

ADÈLE

J'disais pas ça pour que vous vous fâchiez.

COLLONGES

Je ne me fâche pas.

ADÈLE

Non, c'est le peintre ! Vous êtes devenu tout blanc. J'aime bien vous taquiner... j'aime bien quand vous êtes en colère... ça m'amuse. C'est que vous n'avez pas l'air commode... (*Avec admiration :*) ce que vous devez être méchant quand vous êtes à cran !

COLLONGES

Je ne vous souhaite pas de m'y voir.

ADÈLE

Oh ! vous ne me faites pas peur vous savez. Allons, je m'en vais, vous ne m'en voulez pas ?

COLLONGES

Oh ! moi, pas du tout, et même je regrette d'avoir été un peu brusque tout à l'heure.

ADÈLE

Ne regrettez rien... vous avez pas besoin de vous excuser... j'aime bien au contraire quand vous m'attrapez.

COLLONGES

C'est un drôle de goût.

ADÈLE (*elle revient près de la table*).

Dame ! vous ne dites jamais de choses gentilles, vous... alors quand vous dites des choses désagréables, c'est toujours ça... c'est toujours mieux que rien. (*Elle s'assied devant la fenêtre.*) Je m'embête aujourd'hui, je m'embête comme deux dans

trois chambres? Vous ne vous embêtez jamais,
vous?

COLLONGES

Je travaille.

ADÈLE (*se levant*).

Moi, j'ai beau travailler : je ne sais pas ce que
j'ai depuis quelque temps, je n'ai pas de goût à
rien. Ah! si, je n'ai qu'un plaisir en ce moment,
c'est quand on se réunit le soir ici, et que vous
nous faites la lecture comme hier. C'est joli ce
que vous avez lu, cette chose de Victor Hugo.
Comment que ça s'appelle déjà?

COLLONGES

Les Pauvres gens.

ADÈLE

Ah! oui, c'est ça, *Les Pauvres gens.* C'est des
vers, pas?

COLLONGES

Oui, c'est en vers.

ADÈLE

Et puis vous lisez bien, vous lisez presque
aussi bien qu'un acteur, vous savez. Seulement
c'est toujours des choses tristes, sérieuses. Oh là!
là! Vous devriez lire des choses où il y a de l'a-

mour... vous les liriez bien, vous ; pour sûr que vous les liriez bien.

COLLONGES

Mais il y a de l'amour dans *Les Pauvres gens*.

ADÈLE

Oui, mais ce n'est pas de l'amour comme ça que je veux dire... c'est de l'amour entre un homme et une femme, et puis que ça se passe dans le monde chic. Enfin, un roman, quoi ! Mais vous ne les aimez pas, vous, les romans.

COLLONGES

Pas beaucoup.

ADÈLE

Pourtant, il y en a ici, pas ?

COLLONGES (*désignant les rayons*).

Oui, il y en a une vingtaine là, dans le bas.

ADÈLE

Vous ne savez pas ce que vous feriez si vous étiez gentil ?

COLLONGES

Non.

Adèle

Vous m'en choisireriez un.

Collonges

Oh ! ça ne me regarde pas... ce n'est pas à moi de vous choisir des romans... demandez ça à Rouffieu.

Adèle

Oh ! Rouffieu, il n'y connaît rien. D'abord, est-ce qu'il s'occupe de ça, Rouffieu ? Il ne pense qu'à la colonie. Vous ne voulez pas m'en choisir un, dites ?

Collonges

Prenez-en un au hasard, allez..... il se valent tous.

Adèle (*très câline*).

Je voudrais que ça soye vous qui me le choisissiez... il me semble que je le lirais avec plus de plaisir. Vous ne voulez pas, dites ?

Collonges (*va prendre un livre au hasard*).

Tenez ! en voilà un.

Adèle

Ce que vous êtes ours tout de même... Vous

faites ça comme pour vous débarrasser..... Quel est l'intitulé ?

COLLONGES

Je ne sais pas, moi, regardez !

ADÈLE

Chaste et Flétrie. En voilà un de titre ! c'est joli ?

COLLONGES

Magnifique !

ADÈLE

Y a de l'amour?

COLLONGES

Ça en déborde.

ADÈLE

Vous l'avez lu?

COLLONGES

Non.

ADÈLE

Eh ! ben, vrai ! ce que vous êtes rosse, ce que vous êtes peu aimable !... Tenez, je m'en vais... j'aime mieux ça... d'ailleurs, je vous empêche de travailler. Bonjour et merci.

COLLONGES

De rien. Bonsoir.

ADÈLE *(Elle sort en chantant)*.

Aujourd'hui je suis ton amant
Et je t'adore follement,
Toi, tu m'aimes tout simplement
Comme les autres.

(Elle vient s'accouder du dehors à la fenêtre.)

Depuis que Capoul a chanté cette romance-là hier soir, j'ai cet air-là qui me colle, c'est comme de la glu ! Vous ne chantez jamais, vous ?

COLLONGES

Jamais.

ADÈLE

Pourquoi ? Vous devez pourtant avoir une jolie voix.

COLLONGES

Oui, pour crier au feu..... Je chante faux.

ADÈLE

Ah ! c'est dommage ! Ça ne vous ennuie pas.

COLLONGES

Je me fais une raison.

Adèle (*tournant la tête*).

Tiens! voilà un gros homme qui vient par ici. Il a l'air de chercher quelque chose. Vous demandez, monsieur?

Verdier (*au dehors*).

Bonjour, madame. Est-ce que je pourrais parler à quelqu'un de la ferme? Je suis monsieur Verdier, conseiller municipal à Villiers-sur-Eure.

Adèle

Ah! vous êtes monsieur Verdier. Mais parfaitement, entrez donc. Collonges, c'est monsieur Verdier qui voudrait vous parler.

Collonges

A moi?

Verdier (*entrant, rondement*).

Bonjour, camarade...

Collonges (*affectant de ne pas s'apercevoir que Verdier lui tend la main*).

Bonjour.

Verdier

Je désirerais voir les compagnons de la colonie, leur parler.

CeLLONGES

C'est facile. On va les appeler..... Madame
Rouffieu, voulez-vous avoir la complaisance de
prévenir votre mari et les autres que monsieur
est là ?

ADÈLE

J'y vais. *(Elle disparaît.)*

SCÈNE X

COLLONGES, VERDIER, puis ROUFFIEU, puis BOUGOIN
POULOT, TESTUD, le PÈRE NU-TÊTE

CeLLONGES

Donnez-vous la peine de vous asseoir.
(Il se remet à dessiner.)

VERDIER

Je parie que vous vous demandez ce que je viens
faire ici? *(Geste vague de Collonges.)* Je sais qu'on
y est porté à voir en moi un ennemi. Eh ! bien,
c'est justement ce que je ne veux pas et je viens
pour dissiper ce malentendu.

CeLLONGES

Ah !

VERDIER

Je n'y vais pas par quatre chemins, moi...
J'aime à prendre le taureau par les cornes. Carré
de la base, franc du collier, c'est Verdier ! Et pas
Verdier l'imprimeur, le patron... Verdier, l'ancien
typo, l'ouvrier comme vous, votre camarade,
quoi ! je ne renie pas mes origines, moi, nom de
Dieu !

COLLONGES

Voilà des origines qui ont de la chance.

VERDIER

Je veux savoir ce que l'on a à me reprocher et
je viens vous le demander... carrément.

COLLONGES

Toujours.

VERDIER

Si des gens, comme nous, des voisins, ne s'entendent pas entre eux, il ne faut plus parler de
fraternité. *(Silence de Collonges.)* Vous dites ?

COLLONGES

Rien. Je n'en parle pas.

VERDIER *(un peu décontenancé).*

Vous avez une belle vue ; cette pièce-là est très

gaie... c'est l'ancienne grange transformée en réfectoire sans doute?

COLLONGES

Nous n'avons pas de réfectoire... ni de tambour
pour appeler au repas, comme à la caserne. On
mange chacun chez soi et à son heure.

VERDIER

Je vous demande pardon... je croyais... Et êtes-
vous satisfait de votre exploitation?

COLLONGES

Merci, ça marche aussi bien que possible.

VERDIER

Oui, oui, j'ai vu tout ça en venant... c'est bien
dirigé, bien compris. Ah! ça fait une différence
avec ce que c'était au temps du fermier qui vous
a précédés. Combien vous a-t-elle rapporté la
ferme, l'année dernière?

COLLONGES

Je ne sais pas. Tenez voilà notre camarade
Rouffieu qui vous renseignera beaucoup mieux
que moi.

ROUFFIEU *(qui est entré)*.

Bonjour, monsieur Verdier. Qu'y a-t-il pour
votre service?

VERDIER

Bonjour, monsieur Rouffieu..... vous avez peut-
être déjà entendu parler de moi?

ROUFFIEU

Oui... oui...

VERDIER

Il faut d'abord que vous sachiez que vous avez
en moi un ami... tenez-le pour certain. Je trouve
votre tentative très intéressante, très digne d'être
encouragée. Bref! ce n'est pas moi qui vous met-
trai des bâtons dans les roues, au contraire. Ainsi,
tenez, à Villiers, on ne vous voit pas d'un très bon
œil.

ROUFFIEU

On est trop bon de s'occuper de nous.

VERDIER

Eh! bien, moi, à chaque instant, sans que vous
vous en doutiez, je sers de tampon entre vous et la
municipalité.

ROUFFIEU

Vous êtes bien aimable, mais nous sommes en
règle avec la mairie : nous payons nos impôts.

VERDIER

Je vous en félicite.

ROUFFIEU

Il n'y a pas de quoi.

VERDIER

Mais il n'y a pas qu'à payer des impôts... quelle que soit votre indépendance, que j'admire, vous devez satisfaire à certaines exigences sans lesquelles il n'y a pas de... c'est-à-dire dont le respect est une garantie... enfin, vous me comprenez.

ROUFFIEU

Parfaitement... et alors ?

VERDIER

Alors, à chaque instant on peut vous prendre en défaut.

ROUFFIEU

Oh ! à chaque instant.

VERDIER

Mais oui. Tenez : vous avez des enfants, ici.

ROUFFIEU

Oui.

VERDIER

En âge d'aller à l'école ?

ROUFFIEU

Ou de ne pas y aller.

VERDIER

Ah ! pardon, c'est là que je vous attendais : vous faites partie de la commune de Villiers, vous êtes domiciliés ici depuis dix-huit mois ; vous devez envoyer vos enfants à l'école communale.

ROUFFIEU

Nous devons... nous devons...

VERDIER

Mais parfaitement... la loi du 28 mars 1882 sur l'obligation scolaire est formelle. Vous n'en tenez aucun compte et pourtant on ne vous a pas inquiétés, parce que j'ai voulu qu'on vous laisse tranquilles... j'ai servi de tampon. Ah ! j'en ai subi des assauts à cause de vos mioches !

ROUFFIEU

Vous ne serez plus tamponné à cause d'eux, monsieur Verdier : depuis trois semaines nous avons une institutrice... comme les riches. *(Cependant Poulot, Testud, Bougoin et le père Nu-*

8

*Tête sont entrés. Bougoin s'approche de Collonges
qui leur fait signe de se taire et d'écouter.)*

VERDIER

Il n'y a donc pas très longtemps que vous êtes
en règle, malgré vous. . *(Il rit.)* D'ailleurs, ce que
je vous en dis, c'est l'histoire d'en causer. Maintenant, parlons peu, mais parlons bien. Les élections ont lieu dans deux mois... vous n'êtes pas
inscrits sur les listes.

ROUFFIEU

Non.

VERDIER

Il faudrait pourtant y penser, mes enfants, si
vous voulez voter.

COLLONGES *(à demi-voix)*.

Nous y voilà !

ROUFFIEU

C'est pour ça que vous êtes venu ?

POULOT

Vous êtes le fourrier.

VERDIER

Le fourrier ?

POULOT

Oui, vous savez bien, pendant les manœuvres,
le fourrier part en avant pour préparer le logement ; il passe dans les cantonnements et il écrit
sur les portes : *tant d'hommes, tant de chevaux.*
Vous voudriez écrire sur les murs de la colonie :
dix électeurs.

VERDIER

C'est très drôle.

ROUFFIEU

C'est très drôle, mais ça n'est pas exact, parce
que personne ici n'a l'intention de voter.

VERDIER

Alors vous ne remplissez pas vos devoirs de
citoyen.

COLLONGES

Oh ! nous sommes reconnus d'inutilité publique !

ROUFFIEU

Nous n'avons pas de goût pour les jeux de hasard. Peu nous importe que ce soit le rouge ou le
noir qui passe, c'est toujours la banque qui gagne
et jamais nous autres.

VERDIER

Ça dépend des candidats... Je serais bien étonné si le nôtre n'était pas tout à fait dans vos idées.

ROUFFIEU

Je serais encore plus étonné, si nos idées étaient tout à fait dans votre candidat.

VERDIER

Pourtant, je vous assure qu'il est aussi avancé que possible.

POULOT

N'en parlez pas comme d'un perdreau.

BOUGOIN

Vous nous mettez l'eau à la bouche.

POULOT

Qui est-ce donc ce gibier-là ?

VERDIER

C'est monsieur Loiselet, le député sortant de la circonscription.

BOUGOIN

S'il est sortant, faut pas le retenir.

VERDIER

Nous le retenons au contraire, parce qu'il a rendu les plus grands services au pays.

POULOT

Loiselet a rendu des services au pays? C'est la première fois que j'entends ce nom-là... et toi, Délicat?

BOUGOIN

Loiselet? Connais pas c't'oiseau-là! Et toi, Testud?

TESTUD

J'en ai point ouï parler.

VERDIER

Au pays, je veux dire à la circonscription, à ses électeurs... vous me comprenez bien ; on n'a qu'à s'adresser à lui pour obtenir ce qu'on veut.

COLLONGES

C'est un bon commissionnaire.

BOUGOIN

Vous devriez bien lui demander un bureau de tabac pour ma sœur... une malheureuse victime...

VERDIER

Du Deux-Décembre?

8.

BOUGOIN

Non, du huit octobre. Elle n'arrive jamais à payer ce terme-là... Alors, tous les ans, régulièrement, elle est expulsée.
(Rires.)

VERDIER

Vous n'êtes pas sérieux. Loiselet possède toutes les qualités d'un véritable serviteur de la démocratie ; d'ailleurs, il est l'organe du Comité Républicain-radical-socialiste indépendant.

POULOT

Y en a plus ?

COLLONGES

Voilà bien des étiquettes pour un seul produit.

VERDIER

Abondance de biens ne nuit pas. Quatre étiquettes valent mieux qu'une : elles résument les progrès réalisés par les précédentes législatures.

COLLONGES

C'est comme les raisons sociales sur lesquelles on met : Médailles à toutes les expositions.
(Rires.)

VERDIER

Quels blagueurs vous faites? Ah! je ne savais pas à quoi je m'exposais en venant ici.

COLLONGES

Vous êtes encore un tampon.

VERDIER

Heureusement que je comprends la plaisanterie.

BOUGOIN

Enfin, qu'est-ce qu'il offre pour rentrer, votre député sortant?

VERDIER

La journée de huit heures, l'instruction intégrale à tous les degrés, la création de caisse de retraites pour la vieillesse... *(Il tire un papier de sa poche, et après une seconde d'hésitation le remet à Testud.)* D'ailleurs, tenez! le voilà son programme; lisez-le mon ami, vous verrez qu'il ne laisse rien à désirer.

COLLONGES

Que son exécution.

ROUFFIEU

Est-ce qu'il promet aussi la suppression de la misère, de la prostitution, des armées permanentes.

Testud

Des impôts !...

Collonges

Ou bien la recherche de la paternité ?

Bougoin

Ou bien tout simplement le pain gratuit et obligatoire.

Poulot

Hein ! père Nu-Tête, c'est ça qui ne serait pas ordinaire ?

Le père Nu-Tête

On ne verra jamais ça... on ne verra jamais ça...

Verdier

Évidemment, on ne le verra pas... tout de suite ; mais on ne le verra jamais, s'il n'y a que des gens comme vous qui ne veulent pas voter et qui ne savent pas se servir de la seule arme qu'ils aient... le bulletin de vote.

Rouffieu

Le bulletin de vote du père François.

COLLONGES

Le coup du père François !

ROUFFIEU

Oui, nous la connaissons : *Aux urnes, citoyens !...*
Depuis trente ans les promesses de vos députés
abreuvent nos sillons, qu'en est-il résulté ?

POULOT

La peau !

BOUGOIN

La nôtre !

VERDIER

Il ne faut pas non plus être injuste ; à vous entendre, ma parole d'honneur, on dirait que l'on
n'a rien fait pour le peuple depuis trente ans...

POULOL

Ou la vie d'un député !

VERDIER

Mais avant de reprocher aux législateurs leur
impuissance, donnez-vous donc la peine de regarder. Votre camarade dont je devine le bon sens *(il
a désigné Testud)* sera le premier à reconnaître que
jamais le peuple n'a été mieux nourri, mieux vêtu,
mieux logé...

ROUFFIEU

Mieux enterré !

VERDIER

Sinon mieux, du moins plus tard. Des statistiques l'établissent : la science a prolongé la durée moyenne de la vie humaine.

TESTUD

Ça, c'est vrai !

COLLONGES

Au profit de qui ?

VERDIER

Enfin, tout ça, c'est quelque chose pourtant. Si ça ne vous suffit pas, raison de plus pour voter. Quand vous aurez conquis les pouvoirs publics, vous imposerez vos réformes.

ROUFFIEU

Si nous vous disions la première, dans cinq minutes vous ne seriez plus ici.

VERDIER

Dites toujours pour voir.

ROUFFIEU

Eh ! bien, devenant les maîtres, au lieu de remplacer sur la monnaie une effigie par une autre, figurez-vous que nous supprimions la monnaie...

VERDIER (*riant*).

Ah ! comme on voit bien que vous n'en avez pas !

COLLONGES

Vous n'êtes pas gentil. C'est comme si l'on vous répondait, quand vous célébrez les bienfaits du suffrage universel qui rabaisse à son niveau toute idée un peu élevée : Ah ! comme on voit bien que vous n'en avez pas !

VERDIER

Ce n'est pas la même chose.

ROUFFIEU

Ah ! que vous nous connaissez mal, monsieur Verdier, si vous croyez, vous aussi, que nous convoitons votre argent en partage. Dormez dessus tant que vous voudrez, nous ne sommes pas jaloux des cauchemars que donne ce mauvais oreiller ; le nôtre sera meilleur, le jour où tout le monde travaillant pour rien, chacun jouira de tout pour rien.

VERDIER

Parbleu ! j'étais bien sûr que nous finirions par

nous entendre. Vous êtes des travailleurs, voilà l'essentiel. Moi, j'aime les travailleurs.

COLLONGES (*à mi-voix*).

Comme la voiture aime le cheval.

SCÈNE XI

LES MÊMES LE DOCTEUR ALLEYRAS

ROUFFIEU

Ah ! vous arrivez à propos, docteur. Monsieur Verdier est en train de nous faire ses offres de services électoraux.

LE DOCTEUR

Ah ! bah !

COLLONGES

Monsieur Verdier nous soumettait une carte d'échantillons, je veux dire un programme qui a beaucoup de chances de succès... ailleurs qu'ici.

LE DOCTEUR

Mon cher monsieur Verdier, j'ai bien peur que vous ne fassiez pas vos frais à la colonie.

VERDIER (*d'un ton pincé*).

Ce n'est pas comme vous, vous les faites, vos frais ?

LE DOCTEUR

Comment l'entendez-vous ?

VERDIER

Je veux dire que vous ne comptez ici que des amis.

LE DOCTEUR

J'en suis très fier.

VERDIER

Vous avez lieu de l'être, car ils ne vous demandent que des soins et vous leur prodiguez des conseils... par-dessus le marché.

LE DOCTEUR (*riant*).

C'est vous qui me reprochez de cumuler ! (*Il se dirige vers le père Nu-Tête*). Bonjour, père Nu-Tête c'est vous que je viens voir, vous n'avez pas l'air de vous en douter..... montrez-moi donc cette jambe ? (*Le Père Nu-Tête retrousse son pantalon.*) Parfait ! Parfait ! J'ai presque le regret de constater votre guérison complète.

Collonges

Pourquoi donc, monsieur Alleyras? Vous aussi, vous croyez que le rétablissement du père Nu-Tête sera le signal de son départ? Détrompez-vous : il est des nôtres, il reste avec nous.

Poulot

Ça manquait justement d'ancêtres ici.

Rouffieu

Oui, Poulot dit bien... à chacun ses portraits de famille ; le nôtre est descendu de son cadre, voilà tout.

Le docteur

Décidément, vous êtes de braves gens que j'aime bien. Que dites-vous de ça, monsieur Verdier?

Verdier

Je dis, je dis que si, au lieu de tomber près de la Clairière, votre protégé avait eu la force de se traîner jusqu'à Villiers, il y aurait trouvé un hôpital et les mêmes soins qu'ici.

Le docteur

Avec cette différence que, guéri, le père Nu-Tête aurait été mis à la porte de l'hôpital et réduit au vagabondage. Alors, il n'avait plus qu'à solli-citer des gendarmes un abri à la prison voisine, tandis qu'il va pouvoir vivre ici en famille et jouir d'un repos bien mérité.

VERDIER

Allons donc ! Vous nous jugez bien plus inhumains que nous ne le sommes. Si la situation de ce brave homme est digne d'intérêt, je lui aurais facilement obtenu un secours... au besoin même, j'aurais fait une petite collecte.

COLLONGES

L'aumône, oui. Prenez garde d'encourager la mendicité : elle est interdite dans ce département.

VERDIER

Il ne faut pas non plus se payer de mots; nous faisons beaucoup pour les malheureux. Nos bureaux de bienfaisance dans certaines communes ne trouvent pas l'emploi des fonds à leur disposition, faute de pauvres à secourir.

COLLONGES

Ils y mettent de la mauvaise volonté.

VERDIER

Croyez-moi : à l'heure actuelle, les œuvres de prévoyance, de protection et de sauvetage répondent à peu près à tous les besoins, nous prenons l'enfant au berceau pour ainsi dire...

(Hélène apparaît à ce moment avec les enfants.)

C0LLONGES

C'est une façon de parler.

VERDIER

Et nous ne l'abandonnons plus ; nous avons conscience de notre devoir.

LE DOCTEUR

Connaître son devoir et le remplir, monsieur Verdier, tout est là.

VERDIER *(apercevant Hélène).*

Ah! voici votre protégée; on a peut-être encore besoin de vos conseils... je vous laisse.

LE DOCTEUR *(allant vers Hélène).*

Bonjour, mademoiselle, vous vous plaisez toujours ici?

HÉLÈNE

Oui, je suis heureuse, c'est grâce à vous, je ne l'oublie pas.
(Ils continuent à causer à voix basse, pendant que Verdier cherche des contenances.)

VERDIER *(à Rouffieu).*

Voilà tous vos enfants ?

ROUFFIEU

Oui.

VERDIER

A qui celui là ?
(Il désigne le plus petit.)

ROUFFIEU

C'est à moi.

VERDIER

Comment t'appelles-tu, mon petit ?

LE PETIT ROUFFIEU

Émile Rouffieu.

VERDIER

Tiens, voilà deux sous pour t'acheter des bonbons. Tu n'en veux pas ?

ROUFFIEU

Il ne les prendra pas, monsieur Verdier. Ici, on apprend aux enfants que l'argent ne fait pas le malheur mais qu'il y contribue.

VERDIER

Alors c'est différent. *(Il va pour remettre le décime dans sa poche, mais le jeune Testud vient se planter devant lui et lui tend la main.)* En voilà pourtant un qui n'a pas l'air d'être de cet avis ! Comment t'appelles-tu, mon petit ami ?

LE PETIT TESTUD

Testud, Joseph.

ROUFFIEU *(prenant par la main sa petite fille).*

Pendant que vous êtes là, monsieur Alleyras, je vous demanderai d'examiner ma gamine qui tousse toujours un peu.

LE DOCTEUR

Bon, voyons ! *(Il prend l'enfant sur ses genoux, lui fait tirer la langue, l'ausculte.)*

VERDIER *(dans le groupe des communistes).*

Eh ! bien, mes chers amis, je ne regrette pas ma visite ; vous m'avez beaucoup intéressé... vous ne voulez pas de mon député, je le remporte, n'en parlons plus. Nous n'avons pas tout à fait les mêmes idées, mais ça n'empêche pas d'être de braves gens et de s'estimer. *(A Testud.)* Si jamais vous avez besoin de moi, vous savez où me trouver, n'est-ce pas ?

TESTUD

Ben sûr, monsieur Verdier, ben sûr.

Verdier *(apercevant le buste au-dessus de la porte).*

Ah! ah! c'est Mouvay... vous avez son buste
ici... Vous lui devez bien ça.

Poulot

Vous savez, monsieur Verdier, si le cœur vous
en dit d'avoir votre ciboulot en plâtre, pas ici,
mais dans une autre colonie que vous aiderez à
fonder, vous savez, faut pas vous gêner.

Verdier

Je ne dis pas non... nous verrons ; mais Mouvay n'avait pas d'enfants... moi, j'ai un grand fils.
(Il sort.)

Collonges *(en guise d'adieu).*

Et peut-être même un petit-fils !

Poulot *(accompagne Verdier en chantant à pleine
voix).*

Va t'en d'ici, de cet asile
Tu ternirais la pureté !

Le docteur

Allons, tranquillisez-vous, Rouffieu, je vous
enverrai tantôt ce qu'il faut pour votre gamine ;
ce n'est pas bien grave.

ROUFFIEU

Merci, monsieur Alleyras. Il faudra pourtant
que nous nous acquittions...

LE DOCTEUR

Ne parlons pas de ça ! Quand, ce que je ne souhaite pas, l'un d'entre vous sera malade, vous
m'appellerez, j'espère bien. Et lorsque vous esti-
merez que mes soins représentent le prix d'un
vêtement, eh ! bien, vous m'habillerez.

POULOT

Ah ! monsieur le docteur, vous devriez bien
être des nôtres.

LE DOCTEUR

Moi, mais je suis déjà membre adhérent.

ROUFFIEU

Il n'y en a pas assez comme vous.

COLLONGES

Et il y en a trop comme l'autre. Il n'a pas dû
partir enchanté de vous, le tampon !

BOUGOIN

Il est parti, c'est le principal.

LE DOCTEUR

Allons au revoir, mes amis.
(Cependant, Hélène a installé les enfants autour de la grande table et leur a distribué des cahiers.)

ROUFFIEU

Allons, camarades, laissons la place libre à mademoiselle Souricet qui va faire travailler les enfants.
(Hélène fait : chut ! et ayant effacé les mots tracés sur le tableau noir, écrit : « Le loup et l'agneau », tandis que le rideau tombe.)

RIDEAU

ACTE III

A Villiers. Le salon du docteur Alleyras. Lourde après-midi du mois d'août. Les persiennes sont fermées. Le salon est dans une pénombre mais à travers les rais des persiennes, on devine, au dehors, la rue incandescente.

SCÈNE PREMIÈRE

JEANNE, M. ALLEYRAS

M. Alleyras (*assis*).

Il fait une chaleur accablante. Vous ne trouvez pas?

Jeanne (*assise, un ouvrage aux mains*).

Oui, il fait très lourd.

M. Alleyras

Nous aurons de l'orage avant ce soir.
(*On entend sous les fenêtres une voix de gamin qui chante:*)

> J'ai liché tout l'Malaga !
> Ah ! ah ! ah !
> Tout l'Cliquot
> Oh ! oh ! oh !
> Tout l'Muscat
> Ah ! ah ! ah !
> Oui c'est moi ! Oui c'est moi !
> Mamzelle Malaga !

M. ALLEYRAS (*se levant et allant vers la fenêtre*).

Ah ! ça, ils ne connaissent donc que cette chanson-là ici ? Voilà huit jours qu'ils m'en rebattent les oreilles.

JEANNE

Ce sont les apprentis de M. Verdier qui sortent de l'imprimerie... ils s'amusent.

M. ALLEYRAS

C'est drôle... j'ai entendu chanter cette ineptie l'été dernier à l'Alcazar où j'avais emmené ma pauvre femme ; nous allions au café concert une fois par an... je vois encore la chanteuse... une belle fille, ma foi !... très déshabillée et un entrain ! Elle y allait avec un cœur ou plutôt avec des jambes... Comment s'appelait-elle donc déjà ? Andréa... Andréa d'Avranches. (*Il va regarder le thermomètre à la fenêtre.*) 21 degrés à l'ombre ! Je plains Jean d'être obligé de faire des visites par cette chaleur... Si ce temps là continue, j'ai bien envie d'aller faire un tour dans les montagnes. Je partirai probablement à la fin de la semaine.

(*Il va s'asseoir sur le canapé.*)

JEANNE (*alarmée*).

Vous allez nous quitter déjà !... Vous vous ennuyez donc ici ?... Vous ne serez pas resté long-temps.

M. ALLEYRAS

Je serai resté quinze jours.

JEANNE

Ce n'est pas beaucoup. J'ai peur de n'avoir pas su vous retenir auprès de nous, de n'avoir pas su vous faire retrouver ici un foyer et les habitudes que la mort de madame Alleyras a rompues.

M. ALLEYRAS

Tranquillisez-vous, Jeanne, je suis très heureux avec vous ; je n'ai plus que vous deux qui m'aimez et que j'aime.

JEANNE

Alors, si je vous demandais de nous rendre un grand service, à Jean et à moi.

M. ALLEYRAS

Vous n'avez qu'à parler, ma chère enfant.

JEANNE (*suppliante*).

Eh! bien, ne partez pas : restez encore avec nous. Outre la joie que nous aurions à vous garder, nous avons besoin de vous, de votre présence.

M. ALLEYRAS

En ce cas je resterai aussi longtemps que vous le désirerez ; mais, expliquez-moi...

JEANNE

Vous ne trouvez pas Jean nerveux, préoccupé ?

M. ALLEYRAS

Si, un peu, mais il a toujours été très sensible, très impressionnable... Et puis la mort de sa mère avec laquelle il était fâché et qu'il n'a revue que lorsque tout était fini l'a beaucoup affecté. Mais vous restez auprès de lui... il a en vous une compagne admirable... (*Geste de Jeanne.*)... Oui, admirable. Vous êtes jeunes, vous vous aimez, vous êtes heureux !

JEANNE

Non, père, la vérité c'est que Jean n'est pas heureux, qu'on cherche à lui rendre cet endroit inhabitable et qu'on se sert de moi pour y parvenir.

M. Alleyras

De vous ? Mais qui... ou ?

Jeanne

Verdier, les gens de Villiers, tout le monde ;
mais Verdier surtout.

M. Alleyras

Oui, je sais... Jean m'a dit qu'il était en butte
aux petites persécutions de ce Verdier, depuis
qu'il a conseillé à l'institutrice de se réfugier
chez les communistes de la Clairière.

Jeanne

Oui, mais maintenant c'est à moi que le misérable s'attaque.

M. Alleyras

Il n'y a rien à dire contre vous.

Jeanne

Ils ont appris que nous n'étions pas mariés et
vous devinez le parti qu'ils ont tiré de cette
découverte dans un milieu provincial, hypocrite
et nourri de commérages.

M. Alleyras

Je les entends d'ici... que voulez-vous ? c'était

fatal... On ne brave pas impunément l'opinion.

JEANNE

Mais nous ne bravons rien du tout. Vous nous avez vus, nous ne faisons pas de bruit, nous vivons à l'écart, nous ne demandons rien à personnes... nous nous aimons tendrement. Jean exerce sa profession de la façon la plus consciencieuse... Mais, comme il est devenu l'ami des communistes de la Clairière et va souvent les voir, monsieur Verdier le fait passer aux yeux de la bourgeoisie de Villiers pour un homme subversif et dangereux. Alors la clientèle s'éloigne, d'autant plus que Verdier a facilité ici l'installation d'un jeune médecin ambitieux et courtisan.

M. ALLEYRAS (récitant une formule).

La concurrence est l'âme du commerce. J'espère bien en tout cas que Jean n'hésiterait pas à s'adresser à moi si des embarras...

JEANNE

Merci, père ; le préjudice matériel est celui dont nous prenons le plus volontiers notre parti. Aucune privation ne nous effraie et nous nous en imposerions de plus grandes, s'il le fallait... mais l'hostilité qui grandit contre nous s'affiche et s'ingénie pour nous faire souffrir davantage. Ce sont des vexations continuelles, des taquineries mesquines de petite ville qui vous feront sourire, mais qui, par leur répétition et leur nombre, prennent de l'importance. C'est le boucher, collègue de Verdier au conseil municipal, qui refuse de nous fournir, c'est... (*A ce moment le gamin repasse sous les fenêtres en chantant:* « J'AI LICHÉ TOUT L'MALAGA. ») Tenez, c'est ce refrain stupide que Verdier fait chanter sous nos fenêtres par les apprentis de son imprimerie et qui est dirigé contre moi.

M. ALLEYRAS

Contre vous ? par exemple !... A quel propos ?

JEANNE

Eh ! bien, voilà : j'ai une sœur aînée qui me ressemble beaucoup..... physiquement.

M. ALLEYRAS

Vous ne m'en avez jamais parlé.

JEANNE

J'ai eu tort... mais nous nous voyons si rarement..., c'était si délicat à dire.

M. ALLEYRAS

Et cette sœur est mariée, veuve ?

JEANNE

Non.

M. ALLEYRAS

Où est-elle, à Paris ?

JEANNE

Elle était à Paris l'année dernière encore ; elle est maintenant en Russie.

M. ALLEYRAS

Que fait-elle en Russie ?

JEANNE

Sans doute ce qu'elle faisait à Paris où elle chantait au café-concert sous un nom d'emprunt.

M. ALLEYRAS

Je comprends maintenant ! C'est sans doute cette personne que j'ai vue l'été dernier aux Champs-Elysées... Andréa d'Avranches.

JEANNE

Oui... Nous sommes en effet d'Avranches. Oh ! je sais tout ce que vous pouvez penser, supposer ; mais la mort presque simultanée de nos parents nous avait laissées toutes deux seules, sans ressources, sans conseils. Ma sœur avait dix-huit ans, j'en avais quatorze, et le premier argent qu'elle a gagné a servi à payer mon apprentissage dans une maison de couture. Elle n'a pas voulu que je fasse comme elle.

M. ALLEYRAS

Elle vous a exemptée.

JEANNE

Oui... en plaidant les circonstances atténuantes
en sa faveur, c'est une dette de reconnaissance
que j'acquitte.

M. ALLEYRAS

Sans doute... mais je ne vois pas en quoi...

JEANNE

Attendez. Comment, par qui, monsieur Verdier et sa bande ont-ils connu cette histoire? je
n'en sais rien ; mais admirez leur fertilité d'esprit : ils ont feint de croire que la chanteuse
et moi n'étions qu'une seule et même personne devenue par le caprice d'un adorateur naïf
Mme Alleyras.

M. ALLEYRAS

Voyons, voyons, qu'est-ce que vous me dites-
là ? Une pareille substitution me semble bien difficile à établir.

JEANNE

Elle l'est cependant ; la calomnie n'a pas besoin

d'être vraisemblable. Il n'est guère de jour où Jean ne reçoive une lettre anonyme. *(Geste de M. Alleyras.)* C'est ce que nous faisons. Aussi Verdier vient d'imaginer autre chose : il nous envoie maintenant, imprimés dans son journal *L'Éclaireur*, les échantillons de son impudence. Tenez, lisez, ce n'est pas vieux, c'est de ce matin.

(Elle tire de sa poche un journal qu'elle tend à M. Alleyras.)

M. ALLEYRAS *(lisant)*.

« Il est question de jouer la comédie, cet été, » au château des Feuillées..... »

JEANNE

Un château des environs qu'habite une vieille dame célèbre à Paris, il y a une vingtaine d'années, par sa beauté et l'usage qu'on en faisait. C'est maintenant une châtelaine très considérée qui a sa chaise à l'église et qui fait beaucoup de bien.

M. ALLEYRAS *(à mi-voix)*.

Encore !

JEANNE

Continuez.

M. Alleyras *(lisant)*.

« On donnera « La Doctoresse » ; mais le clou
» du programme sera la partie de concert où l'on
» entendra une jeune femme nouvellement venue
» parmi nous et qui n'en est plus à compter ses
» succès dans le répertoire léger. Pour ces repré-
» sentations, un petit théâtre serait construit
» dans le parc même, afin de compléter l'illusion
» et qu'on se croie vraiment à l'Alcazar des
» Champs-Elysées. »

Jeanne

Les gens de *L'Éclaireur* sont bien renseignés...,
ils connaissent leur métier et savent faire tenir
dans un écho toute la somme d'allusions per-
mise.

M. Alleyras

En effet..., mais ça ne tient pas debout et je ne
comprends pas, en toute sincérité, que vous vous
alarmiez pour si peu de chose... il faut être au-
dessus de ça.

Jeanne

Évidemment... on méprise la boue ; mais tout
de même la boue rejaillit et vous souille. Et, en
admettant que j'aie le dédain et la patience né-

cessaires, après cette campagne qui commence ce sera une autre et, si cette seconde ne réussit pas, ce sera une troisième. Comprenez-le donc, je tremble que Jean énervé, lassé à la longue — c'est un homme, après tout — ne voie en moi la cause de tous ses ennuis. Je tremble pour notre amour, pour notre bonheur. *(Elle tombe, accablée, sur un fauteuil.)*

M. ALLEYRAS

Votre bonheur n'a rien à craindre.

JEANNE

Mais si... vous verrez, père, ils finiront par l'user. *(Elle pleure.)* Oh ! je vous demande pardon... j'aurais dû vous laisser l'illusion que nous étions heureux, mais ç'a été plus fort que moi... il a fallu que je parle... c'est cette nouvelle infamie de ce matin qui m'a bouleversée. Quand je pense que c'est à cause de moi... à cause de moi !...

M. ALLEYRAS

Voyons, ma petite Jeanne, il faut être plus raisonnable, plus forte

JEANNE *(s'essuyant les yeux)*

Ecoutez... voilà Jean qui rentre... pourvu que... est-ce que ça se voit que j'ai pleuré ?

M. Alleyras

Mais non, mais non.

Jeanne

Cachez ce journal... vite, cachez ce journal.
*(M. Alleyras fait disparaître le journal, pas assez
vite pourtant pour que Jean qui rentre ne s'en
aperçoive pas.)*

SCÈNE II

Les mêmes, LE DOCTEUR

Le docteur *(à M. Alleyras).*

Oh ! c'est bien inutile, père, je l'ai lu. *(Il em-
brasse Jeanne, la regarde.)* Tu as pleuré, toi ?

Jeanne

Mais non.

Le docteur

Ça n'en valait pas la peine, je t'assure.

M. Alleyras

C'est précisément ce que j'étais en train de lui
dire.

LE DOCTEUR

Ah !... Tu as mis mon père dans la confidence
de nos ennuis ?

JEANNE

Oui

LE DOCTEUR

Tu lui en as dit la cause ?

JEANNE

Toutes les causes.

LE DOCTEUR *(à son père)*.

Tiens, on a jeté ce journal dans ma voiture,
tandis que je faisais une visite. Je l'ai trouvé dé-
plié, étalé sur les coussins et le cocher ne s'était
aperçu de rien. C'est admirable !

M. ALLEYRAS

O mœurs paisibles de la province !

LE DOCTEUR

Le courrier est arrivé ?

JEANNE

Oui.. il est là, sur la table.
*(Le docteur ouvre une lettre qu'il froisse après
l'avoir parcourue.)*

JEANNE

Qu'est-ce que c'est ?

LE DOCTEUR

Rien... un malade qui me règle mes honoraires.

JEANNE

Il est peut-être guéri.

LE DOCTEUR

Non. Je sais ce que régler veut dire. Encore un qui passe à l'ennemi ! Ce n'est jamais que le dixième depuis un mois. Ah ! si les règlements continuent, la vie ici deviendra difficile.

JEANNE

D'où viens-tu ?

LE DOCTEUR

De la Clairière.

JEANNE

Tu y soignes quelqu'un en ce moment ?

LE DOCTEUR

Non ; mais cette histoire de journal m'avait mis

dans un tel état d'exaspération que j'ai éprouvé le besoin de me retremper au milieu de braves gens. Ça m'arrive souvent depuis quelque temps. Je viens même de ramener dans ma voiture le compagnon Rouffieu qui avait affaire à Villiers.

M. Alleyras

Tu t'affiches.

Le docteur

Oui, je m'affiche, c'est ce qu'on dit ici. On serait moins offusqué si je promenais une fille à mon bras.

Jeanne

C'est si vrai qu'il faut attribuer à tes fréquentes visites à la Clairière l'infidélité d'une partie de ta clientèle. Les uns voient dans ton attitude un manque de tenue et les autres, comme Verdier, un défi

Le docteur

Ah ! je ne lui conseille pas, à celui-là de se trouver sur mon passage... mais il m'évite avec soin.

M. Alleyras

Il a conscience de sa turpitude ; sois persuadé qu'elle se retournera contre lui.

LE DOCTEUR

Mais non, père. Quelle erreur ! Tu crois donc à une justice immanente et distributive ? Dans cette aventure que je t'ai racontée de l'institutrice de Villiers, est-ce pour elle que le plus grand nombre a pris parti ? Pas du tout ! Verdier a donné de l'installation de cette jeune fille à la Clairière une explication effrontée. Il a dit qu'elle était allée retrouver son amant et tout le monde le croit. De sorte que j'en suis à me reprocher le mauvais service que je lui ai rendu.

JEANNE

Heureusement, ce n'est pas son avis.

(En ce moment, l'apprenti repasse sous les fenêtres en chantant la même chanson que précédemment, puis entre les persiennes qu'il a entr'ouvertes, il passe une tête grimaçante.)

LE DOCTEUR

Ah ! ils ne se contentent plus de passer... ils s'arrêtent maintenant devant la maison.

JEANNE

Ce sont des enfants : ils ne savent pas ce qu'on leur fait faire.

LE DOCTEUR

Tu crois ? Eh ! bien, je vais toujours ôter à celui-là l'envie de recommencer.

JEANNE

Jean..., je t'en prie !

LE DOCTEUR

Laisse-moi. *(Il se dégage de l'étreinte de Jeanne qui veut le retenir et sort précipitamment.)*

JEANNE

Ah ! il ne manquait plus que ça !

M. ALLEYRAS *(à la fenêtre).*

(On entend, au dehors, l'apprenti qui crie en se débattant : C'est pas moi... non m'sieu, c'est pas moi... laissez-moi tranquille, j'vous ai rien fait... grand lâche... etc. ;...)
Au fond, ce petit drôle n'a que ce qu'il mérite... d'ailleurs, voilà quelqu'un qui les sépare.
(Le docteur rentre, suivi de Rouffieu.)

SCÈNE III

LES MÊMES, ROUFFIEU

LE DOCTEUR

J'espère que la leçon lui profitera.

ROUFFIEU

Eh ! bien, vous n'y allez pas de main morte,
M. Alleyras !

LE DOCTEUR *(encore frémissant)*.

Si vous ne me l'aviez pas retiré des mains...

ROUFFIEU

Quoi? Vous l'auriez abîmé ? Vous auriez fait là
de la belle besogne.

LE DOCTEUR

Oh! les conséquences seront les mêmes, allez.

ROUFFIEU

Pas pour ce garçon.

JEANNE

Non, mais pour nous. Jean dit bien, monsieur
Rouffieu : les misérables qui ont tout mis en œuvre
pour le pousser à bout sont arrivés à leurs fins.
Le scandale que j'ai tant redouté est maintenant
inévitable.

M. ALLEYRAS

J'en ai peur aussi.

LE DOCTEUR

Il aurait éclaté tôt ou tard : mes nerfs avaient

besoin de cette détente. *(On entend le bruit d'une altercation entre Verdier et Rose.)* Qu'est-ce que c'est ?... Qu'est-ce qui se permet ?

M. Alleyras *(le retenant)*.

Attends... attends... je vais voir.

SCÈNE IV

Les mêmes, VERDIER. Un apprenti, d'une quinzaine d'années, assez grand et l'air gouape.

Verdier *(apoplectique)*.

C'est vrai ce que me raconte mon apprenti ? *(A l'apprenti.)* C'est bien monsieur qui t'a frappé ?

L'apprenti

Oui, c'est lui.

Verdier

Pourquoi t'a-t-il frappé ?

L'apprenti

Pour rien... j'sais pas, moi... j'passais en chantant.

Le docteur

Justement, *en chantant.*

VERDIER

Et c'est pour ça que vous avez maltraité ce pauvre enfant qui ne peut pas vous répondre ?

LE DOCTEUR

Pour ça... oui...

M. ALLEYRAS

Voyons, on ne lui a pas fait grand mal.

LE DOCTEUR

Et le seul regret que j'aie, c'est de ne pas avoir eu sous la main le patron, au lieu de ce polisson.

VERDIER *(suffoqué).*

Co... Comment ?

LE DOCTEUR

Je dis que si j'ai eu tort, c'est de faire payer à ce galopin l'incongruité que vous lui avez soufflée.

VERDIER

Que je lui ai soufflée ?

LE DOCTEUR

Ne faites donc pas l'imbécile ; vous savez très

bien ce que je veux dire. Il y a assez longtemps
que vous m'aboyez aux jambes... prenez garde
aux coups de pied. J'en ai assez, comprenez-
vous, *j'en ai assez.*

Verdier *(reculant vers la porte).*

Ah! c'est comme ça... alors, c'est la guerre?

Le docteur

Oui, c'est la guerre.

Verdier

Hé! bien, elle vous coûtera cher. En attendant
que les tribunaux se prononcent, vous aurez de
mes nouvelles... tenez-le pour certain : vous verrez de quel bois je me chauffe.

Le docteur

De quel bois? De quel papier vous voulez dire.
Qu'est-ce que vous allez encore imprimer dans
votre sale journal? Que j'ai tué un de vos apprentis. Allez donc faire grincer vos presses et tout de
suite... et plus vite que ça même... *(Il a un mouvement vers Verdier. Son père le retient.)*

M. Alleyras

Jean!

Verdier *(à l'apprenti).*

Viens, mon petit. Ton patron ne t'abandon

nera pas. Tu seras indemnisé, j'en fais mon affaire.

(Ils sortent. M. Alleyras referme la porte.)

SCÈNE V

JEANNE, LE DOCTEUR, M. ALLEYRAS, ROUFFIEU

M. ALLEYRAS *(en refermant la porte).*

C'est insensé! Il n'a pas une égratignure ce gamin.

ROUFFIEU

Pas encore, mais l'autre est capable de l'assommer en route pour que ça devienne grave.

LE DOCTEUR

Il est capable de tout, évidemment.

ROUFFIEU

D'abord de vous rendre la vie impossible.

LE DOCTEUR

Eh ! bien, nous en serons quittes pour changer de séjour.

JEANNE

C'est bientôt dit, Jean, mais nous rencontrerons

ailleurs la même hostilité, les mêmes obstacles. En quelque endroit que nous allions, nous pouvons compter sur Verdier pour que notre signalement nous poursuive et t'empêche de te refaire une clientèle, une situation.

LE DOCTEUR

Alors, retournons à Paris où notre vie sera tout de même moins épiée, moins sujette à caution.

M. ALLEYRAS

Parbleu !

JEANNE

Hélas ! père, je ne partage pas votre confiance dans l'efficacité de ce remède. Jean est pareil aux malades : tous les lits lui sembleront brûlants, tant qu'il y portera sa fièvre. C'est elle d'abord qu'il faudrait guérir.

ROUFFIEU

Oui, vous auriez besoin d'une cure de fraternité. Eh ! bien, il ne faut pas chercher midi à quatorze heures : monsieur Alleyras a hâte de se soustraire aux tracasseries de cette petite ville, et, d'autre part, il voudrait se replier en bon ordre, afin de n'avoir pas l'air de fuir devant l'ennemi.

LE DOCTEUR

C'est ça, oui, Rouffieu.

Rouffieu

Alors qu'il vienne donc chez nous. En acceptant ma proposition bien sincère, bien cordiale, monsieur Alleyras concilie tous les désirs. Il sait bien qu'il n'a qu'un mot à dire pour être demain chez nous, chez lui ; nous nous chargeons même du déménagement.

(M. Alleyras hausse les épaules.)

Le docteur

Oh ! père, tu as tort de hausser les épaules ; il est certain que Rouffieu m'offre le seul moyen de faire cette cure de fraternité dont j'ai tant besoin. Tu ne les connais pas, lui et ses camarades. Si, comme moi, tu les voyais à l'œuvre ! Ils s'aiment, ils s'améliorent entre eux ; leur existence est harmonieuse et remplie et le nom de leur colonie s'accorde bien avec l'impression qu'on en rapporte : La Clairière ! C'est bien en effet une clairière dans la forêt des lois, des conventions et des servitudes où nous sommes égarés.

M. Alleyras

Oui, c'est là que je voudrais vivre... vieille romance !

Le docteur

L'air est vieux, mais les paroles sont éternelles.

M. Alleyras

Je n'en persiste pas moins dans mon scepticisme à l'endroit de cette tentative : le bonheur dans le phalanstère n'est qu'un mirage.

Rouffieu

Toujours le même malentendu. Il ne s'agit pas, monsieur Alleyras, d'un phalanstère au sens fouriériste du mot, car nous songeons bien moins à réconcilier l'homme avec Dieu, qu'avec la vie et avec lui-même.

M. Alleyras

C'est bien pour ça que votre projet n'a pas d'avenir : votre idéal est de ce monde.

Rouffieu

Et de quel monde voulez-vous donc qu'il soit, sinon de celui dans lequel nous avons été jetés par surprise ? Si la félicité est dans le néant, pourquoi nous en a-t-on fait sortir ?

M. Alleyras

L'association, telle que vous la pratiquez, convenait aux premiers chrétiens dont la foi était ardente. Eux aussi rompaient le pain ensemble et jouissaient de tout en commun. Mais, quand on remonte à la source de cette noble exaltation, on

y trouve la croyance que le monde va finir et
l'espérance d'une vie éternelle, c'est-à dire une
religion.

LE DOCTEUR

Pourquoi une croyance inverse, aussi vive,
ne produirait-elle pas le même résultat? Pourquoi des créatures humaines, fragiles et meurtries,
ne puiseraient-elles pas le goût du dévouement et
du sacrifice dans l'espoir que le monde, loin de
finir, commence pour elles et que le bonheur
peut régner sur la terre? C'est une religion qui
vaut bien l'autre.

M. ALLEYRAS

Des preuves?

LE DOCTEUR

Je peux t'en montrer à deux lieues d'ici.

M. ALLEYRAS

Ce qu'ils savent le mieux, c'est leur commencement; mais attendons la fin.

LE DOCTEUR

Pourtant je la vois de mes yeux cette colonie;
elle existe.

M. ALLEYRAS

Comme dit le peuple, tu n'es pas dedans.

11

Le docteur

Oui, mais Rouffieu y est. Encore une fois, je les ai vus à l'œuvre, lui et ses camarades et ils n'ont pas eu un grand effort à faire pour me gagner à leur cause.

Jeanne

Pour *nous* y gagner.

M. Alleyras *(la regardant stupéfait)*.

Vous aussi ?

Jeanne

Oui, père... car la prédilection de Jean n'est pas une révélation pour moi : chaque fois qu'il revient de la Clairière, la même ardeur l'anime. C'est un feu qu'ils allument en lui et qui me couvre d'étincelles !

M. Alleyras

Je le vois bien !

Jeanne *(allant à côté de Rouffieu)*.

Alors, j'en arrive à me demander, comme Jean, si l'émancipation ne serait pas là, parmi ces êtres de bonne volonté.

M. Alleyras

Allons, allons, vous êtes fous tous les deux... Jean ne va pas quitter......

LE DOCTEUR

Quitter quoi, père ?... Ma clientèle ? C'est elle
qui me quitte. Tu en as eu la preuve, tout à l'heure
encore.

ROUFFIEU

Reste, il est vrai, la clientèle ouvrière...

M. ALLEYRAS

Qui ne paie pas.

ROUFFIEU

Justement ! Celle-là, monsieur Alleyras la retrou-
vera toujours ; il pourra lui continuer ses soins...
Ce n'est pas nous qui l'en empêcheront, au contraire. Mais, en même temps, nous lui assurerons
la tranquillité nécessaire pour recommencer les
recherches qu'il a dû suspendre faute de loisirs...
Les camarades sont tout prêts à construire un
laboratoire.

M. ALLEYRAS

Le laboratoire de la Clairière... Ah ! vous mon-
trez le bout de l'oreille, vous !

ROUFFIEU

Oh ! toute l'oreille. Nous serions très heureux
de compter parmi nous un homme de la valeur de

monsieur Alleyras, qui ferait parler de la colonie, qui participerait dans une large mesure à son développement. Mais je pense aussi à d'autres avantages, immédiats ceux-là. Combien de choses que nous ne savons pas et que monsieur Alleyras pourrait nous apprendre ! Tous les jours, je m'aperçois de mon ignorance et j'en souffre d'autant plus que les compagnons autour de moi me la renvoient multipliée.

M. Alleyras *(frappant sur l'épaule de son fils)*.

Il n'est pas encore construit ton Institut !

Rouffieu

Mais en supposant même qu'il ne le soit jamais, nous n'en mettons pas moins, tout de suite, à sa disposition et dans un laboratoire idéal, un vaccin contre la misère humaine, l'injustice sociale et le préjugé !

M. Alleyras

C'est vous qui le dites, mais êtes-vous bien sûr de l'avoir trouvé, ce vaccin ?

Le docteur

Et comment le saurions-nous sans sortir de notre contemplation ? Notre rôle de témoin, même bienveillant, est commode et vilain. Si ces gens-là échouent dans leur entreprise, il ne nous est pas permis de la critiquer, car sa réussite ne dépend peut-être que de notre concours.

M. Alleyras

Je n'en suis pas persuadé. Qui sait au contraire, en allant à la Clairière, si vous n'y introduiriez pas une cause de trouble et de division?

Le docteur

Oui, si nous y allions pour satisfaire une froide curiosité. Mais nous avons été émus, nous avons senti passer sur nous un grand frisson d'espérance, nous n'avons pas le droit d'hésiter : notre âme est engagée.

M. Alleyras

L'âme soit, mais non le corps.

Le docteur

Ne les désunissons pas !

M. Alleyras

Vous avez bien le temps.

Jeanne

Non, père, il ne nous convient pas d'attendre que nous soyons vieux pour offrir à des frères d'adoption une inclination qui ne serait plus alors, au lieu d'un mouvement spontané, que le geste de notre faiblesse et l'appel de nos infirmités.

M. Alleyras

Voyons, Jeanne, réfléchissez. Votre entraînement n'est-il pas l'effet de votre amour pour Jean, plutôt que l'élan d'une sympathie universelle ? Plus tard, ne lui reprocherez-vous pas de vous avoir conduite au milieu de compagnes excellentes sans doute, mais (j'en demande pardon à monsieur Rouffieu), de goûts vulgaires, d'éducation négligée ?...

Rouffieu

Dites le mot, allez, de condition inférieure.

M. Alleyras

Eh ! bien, oui, de condition inférieure.

Le docteur

Il est certain que cette considération me...

Jeanne

Tais-toi !... de quel droit blâmerons-nous les préjugés chez les autres, si nous sommes impuissants à nous en affranchir nous-mêmes.

M. Alleyras

Il y a, ma chère enfant, des préjugés à rebours,

dont il est beaucoup plus difficile encore de se délivrer. Quoi qu'il en soit, je serais coupable si je ne vous signalais pas les écueils où vous ferez naufrage. Il y a vingt-cinq ans, en Russie, des centaines, des milliers de jeunes gens mirent à exécution le magnifique projet d'aller dans le peuple pour l'étudier et l'instruire, en s'instruisant eux-mêmes. Ils voulaient vivre de sa vie et se régénérer dans ses travaux et sa simplicité. Qu'arriva-t-il ? C'est que beaucoup trouvèrent bientôt la tâche au-dessus de leurs forces et que l'on se débarrassa vite de ceux qui persévéraient, en les emprisonnant. Et pourtant, ces propagandistes enflammés n'allaient pas dans le peuple : ils s'y précipitaient, car ce prosélytisme est le privilège d'âmes exceptionnelles, comme les circonstances mêmes.

JEANNE

Et cette âme de feu, vous doutez que je puisse l'avoir ! C'est vrai, j'oubliais... chez nous il faut la guerre, des calamités publiques pour qu'on utilise le dévouement des femmes. Autrement personne n'y croit. Eh ! bien, vous vous méprenez, père ; je n'ai ni faux orgueil ni fausse humilité et je suis prête à suivre Jean à la Clairière, comme les jeunes filles russes dont vous parliez suivaient leurs frères au village et dans les fabriques.

M. Alleyras

Encore une fois, mes chers enfants, songez-y bien : ce qui est difficile, ce n'est pas d'aimer les habitants de la Clairière, mais peut-être de les aimer *de près*. Jean manifestait tout à l'heure sa répugnance pour le rôle commode de témoin. Mais *témoins*, vous le serez encore au milieu de paysans et d'ouvriers dont les occupations vous sont si peu familières ?

Rouffieu

Oh ! moi, là-dessus, je suis bien tranquille... ce n'est pas l'ouvrage qui manquera à madame Alleyras si elle veut s'occuper.

Jeanne

Certes, j'habillerai les enfants...

Rouffieu

Et vous donnerez à leurs mères le goût de tout ce qui peut rendre un intérieur agréable, embellir la vie, et prolonger la jeunesse de la femme aux yeux de son compagnon d'existence. Fichtre ! c'est quelque chose...

M. Alleyras

Oh ! monsieur Rouffieu, je vois très bien tout ce que vous pouvez gagner à ces belles combinai-

sons, mais je vois aussi tout ce que mes enfants
ont à y perdre.

Le docteur

Nous n'avons rien à perdre et tout à gagner,
père, si nous allons vers nos amis en égaux volon-
taires et pour concourir loyalement au succès
de leur entreprise.

M. Alleyras

Succès bien improbable !

Le docteur

Non. Le pire qui puisse arriver, c'est que d'autres récoltent ce que nous aurons semé. Mais le
moyen de garder une foi intacte et de parer aux
déceptions, c'est de voir dans la Clairière un refuge
librement choisi et de considérer que ses habitants ne nous doivent rien et que nous leur
devons tout.

M. Alleyras

Allons, tout ça n'est pas sérieux !

Le docteur (*nettement*).

Très sérieux, père, monsieur Rouffieu vient de
nous indiquer notre devoir et sans doute notre
salut... Nous irons à la Clairière.

M. ALLEYRAS *(à Rouffieu)*.

Eh ! bien, vous êtes satisfait de votre œuvre, monsieur le tentateur ? Vous regardez l'incendie que vous avez allumé.

ROUFFIEU

Oh ! le feu couvait depuis longtemps. Je n'ai été qu'un brandon de concorde.

M. ALLEYRAS

Mes félicitations tout de même !... Voilà une double conversion qui vous fera honneur autant que celle de Mouvay.

ROUFFIEU

Oh ! ne mêlons pas les choses. Vous confondez honneur et profit. La véritable charité ne consiste pas à donner, mais à se donner. Monsieur et madame Alleyras ouvrent les bras, l'autre n'a ouvert que la main : c'est pour ça que je suis plus fier de leur étreinte que de sa générosité.

M. ALLEYRAS

C'est avec ces belles paroles que vous les avez enjôlés.

ROUFFIEU

Non, mais avec l'exemple que nous donnions.

M. Alleyras

Vous pensez m'embarrasser en me mettant en face d'une expérience que vous jugez concluante ; mais il y a des rêves que l'on continue tout éveillé..... et le vôtre est de ceux-là.

Le docteur

Tu n'as pas le droit de parler ainsi de la Clairière, car tu n'es pas dedans, comme tu le disais, toi-même tout à l'heure.

M. Alleyras

Et je compte bien ne jamais y être ! A votre âge, mon Dieu, peut-être aurais-je fait comme vous ; mais, maintenant, je suis trop vieux. Lorsque Jean héritera de ma fortune, s'il est encore des vôtres, libre à lui de vous l'offrir ; mais j'aime mieux que le cadeau vienne de mon fils que de moi : il aura moins à se faire pardonner.

Le docteur

Tu te calomnies.

Rouffieu

Alors, vous ne m'en voulez pas trop, monsieur Alleyras, du résultat de ma propagande ?

M. Alleyras

Oh ! je ne me tiens pas pour battu : j'aurai ma

revanche. Je sais bien que vous êtes porté à voir en moi ce que vous appelez, je crois, *une poire.* Mais je suis une poire pour la soif... c'est une espèce à conserver... je suis conservateur.

ROUFFIEU *(au docteur).*

Alors je peux aller annoncer aux camarades la bonne nouvelle de votre arrivée?

LE DOCTEUR

Oui, Rouffieu !
(On entend, au dehors, une rumeur d'abord lointaine et qui rapidement se rapproche et grandit : maintenant elle court devant la maison du docteur, sous ses fenêtres.)

JEANNE *(inquiète).*

Qu'est-ce que c'est encore?

LE DOCTEUR *(à la fenêtre).*

C'est toute la volaille à Verdier, parbleu ! Elle peut chanter maintenant.

ROUFFIEU

Je vais lui donner du grain en passant.
(Il sort.)

SCÈNE VI

JEAN, M. ALLEYRAS, LE DOCTEUR, ROSE

ROSE *(entrant, effrayée).*

Je ne sais pas ce que tous ces gens-là ont après
monsieur... Ils parlent d'un enfant que monsieur
aurait brutalisé et qu'ils conduisent en procession
chez le pharmacien.

LE DOCTEUR

Ils promènent le cadavre.

ROSE

Il y en a qui crient je ne sais pas trop quoi :
« A la colonie ! »...

LE DOCTEUR

On y va !

ROSE

Enfin, tout ça n'est pas grave, à preuve que le
malade crie plus fort que les autres.

M. ALLEYRAS *(à Jeanne).*

Et Rose que vous oubliez !

JEANNE

Non, père, je ne l'oublie pas. *(A Rose.)* Nous
avons une mauvaise nouvelle à vous annoncer,
Rose.

ROSE

Hé ! là ! madame, laquelle donc ?

JEANNE

Nous allons être obligés de nous séparer de
vous.

ROSE

C'est pas Dieu possible !

JEANNE

Si.

ROSE

C'est-il comme ça que vous retournez à Paris ?

JEANNE

Oh ! non..... nous allons beaucoup plus loin.

LE DOCTEUR

Et où nous allons, ma bonne Rose, vous ne
nous suivriez pas.

ROSE

Une supposition d'vot'part !

LE DOCTEUR

Non, mais une certitude. Nous allons aller demeurer à la Clairière.

ROSE

Chez les sauvages ?...

LE DOCTEUR

Oui.

ROSE (*stupéfaite*).

Ah ! ben, par exemple, si je m'attendais à ça !...

LE DOCTEUR

Qu'est-ce que je vous disais ?

ROSE (*suivant son idée*).

Des riens du tout, des gens qui ont le diable au corps... Faut qu'ils vous aient ensorcelés... Heureusement que monsieur et madame ne sont pas encore partis.

LE DOCTEUR

C'est tout comme, Rose.

ROSE

Alors, monsieur et madame nous reviendront bientôt.

LE DOCTEUR

Je ne crois pas.

ROSE

Moi, j'en suis ben sûre.

M. ALLEYRAS

Et il n'y a pas que vous, Rose...

ROSE

Quand madame verra comment elle est servie.....

JEANNE

Je n'aurai pas à voir comment je suis servie, puisque je serai notre servante à nous-mêmes.

ROSE (*ahurie*).

Madame ne prendra personne à ma place ?

JEANNE

Mais non...

ROSE (*avec effort*).

Alors, c'est une supposition d'ma part, c'te fois, si je ne demandais pas mieux que de vous accompagner ?...

JEANNE

Nous vous saurions gré de votre proposition, Rose, mais nous ne l'accepterions pas.

ROSE

Je disais ben... vous n'avez pas d'estime à votre servante.

M. ALLEYRAS

Vous ne les comprenez pas, Rose... vous ne pouvez pas les comprendre.

ROSE

Je demande pardon à monsieur... je comprends très bien que mes maîtres ont des embarras... des ennuis... qu'ils veulent diminuer leurs frais, enfin... C'est bien naturel... Si les clients de monsieur ne le paient pas, il ne peut pas me payer... Mais j'ai raison de dire que vous n'avez pas d'estime à votre servante, puisque vous ne pensez pas que je puisse rester auprès de vous... pour rien.

JEANNE

Vous êtes dans l'erreur, ma bonne Rose : nous savons parfaitement combien vous nous êtes dévouée, mais la question n'est pas là... Nous ne vous emmènerons pas à la Clairière, parce que ses habitants, les sauvages, comme vous dites, considèrent les serviteurs en général, comme des gens qui consomment, dépensent... et ne produisent pas.

ROSE

Des propres à rien, quoi ?

LE DOCTEUR

Non, des adjoints que ne comporte pas le genre d'existence qu'ils ont adopté, voilà tout. Enfin, il y a aussi la dignité personnelle, qu'ils entendent à leur manière

ROSE

Et v'là à présent que leur manière est celle d'monsieur et d'madame. On m'avait ben dit que c'te maladie était contagieuse ; mais j'aurais jamais cru tout de même que monsieur qui est médecin l'attraperait... Enfin, j'suis toujours à la disposition d'monsieur et d'madame quand ils auront besoin de moi.

M. Alleyras

Eh ! bien, en attendant, moi, Rose, je vous prends à mon service. Nous partirons pour la Suisse demain matin. Vous allez aider ma fille à faire ses malles et vous ferez ensuite la mienne. Tout le monde ici s'en va en vacances !

Le docteur

Non, père, pas en vacances : en apprentissage.

Rideau

ACTE IV

A la Clairière : la salle commune du deuxième acte, mais égayée,
ornée, meublée. Il y a au mur des affiches illustrées claires et
riantes ; il y a des fauteuils confortables, une bibliothèque, un
piano, etc... les meubles enfin que l'on a vus dans le salon du
docteur Alleyras, au troisième acte.

SCÈNE PREMIÈRE

ADÈLE ROUFFIEU, puis Mme BEAU et Mme MÉNESSIER. (*Au
lever du rideau, c'est le soir; on aperçoit Adèle Rouffieu, dans
l'ombre, en train d'allumer les lampes. La fenêtre est ouverte
sur la campagne inondée de clair de lune. A la fenêtre, au
dehors, Mme Beau et Mme Ménessier s'arrêtent à regarder Adèle
Rouffieu.*)

Mme MÉNESSIER (*au dehors, à la fenêtre*).

Bonjour, madame Rouffieu.

ADÈLE ROUFFIEU

Bonjour, mesdames.

Mme MÉNESSIER

Vous êtes après allumer les lampes... c'est
vous qui faites le ménage ce soir...

ADÈLE ROUFFIEU

Comme vous voyez... chacune son tour... je
prépare la salle commune pour le conseil de
famille.

Mme MÉNESSIER

C'est vrai... c'est samedi aujourd'hui.

ADÈLE ROUFFIEU

Oui, c'est samedi, la veille de dimanche.

Mme BEAU

Eh ! bien, nous, nous faisons un petit tour après
le dîner pour la digestion.

ADÈLE

Vous n'entrez pas un instant ?

Mme MÉNESSIER

Nous avons peur de vous déranger.

ADÈLE (*elle a fini d'allumer la première lampe,
qu'elle suspend au bout de la tige descendant du
plafond dont les poutres sont apparentes*).

Pas du tout, pas du tout ; ça facilite l'ouvrage, au contraire.

(Elle se dispose à allumer une seconde lampe ; Mme Ménessier et Mme Beau sont entrées.)

Mme BEAU

Et il y en a de l'ouvrage, à présent !

ADÈLE

Je vous écoute : c'est pas une petite affaire que de mettre tout ça en ordre. Avant, le ménage était bientôt fait ; mais depuis que M. Alleyras et sa dame se sont amenés ici... avec tous leurs meubles qu'ils ont fait cadeau à la colonie, c'est tout un aria ! Regardez-moi ça... on ne peut plus seulement se remuer.

Mme BEAU

Ne m'en parlez pas.

Mme MÉNESSIER (*au piano en le caressant*).

D'un sens c'est plus joli.

Mme BEAU

Plus joli... plus joli... voulez-vous que je vous dise, moi, Mme Ménessier ?... je préférais autant comme c'était avant... j'aime pas les encombrements.

Mme MÉNESSIER

C'est pour rire que vous dites ça.

Mme Beau

J'ai pas envie de rire. Et puis, c'est pas tant la chose qu'on a plus de mal, c'est la chose qu'on n'est plus chez soi... voyons, vous ne trouvez pas ?

Adèle

Je dis comme vous.

Mme Beau

Voulez-vous que je vous dise ?... Moi, j'ose plus entrer ici, c'est trop beau... je suis gênée, là... Et puis, je me sens dans les meubles des autres... C'est pas votre avis, madame Ménessier ?

Mme Ménessier

Rien ne forçait monsieur et madame Alleyras à venir ici, à nous donner leurs meubles... s'ils l'ont fait, c'est pour un bien.

Mme Beau

C'est-il aussi pour un bien qu'il s'a fait construire ce laboratoire de je ne sais quoi, ousqu'il cultive un tas de maladies ?

Mme Ménessier

C'est sa manie, à c't'homme !

Mme Beau

Possible ! En attendant, il fait pour ses expériences une telle consommation de lapins qu'on ne peut plus en manger. Vous trouvez ça juste et gentil, vous ? Des pauv'petites bêtes qu'on a tant de plaisir à élever !

ADÈLE (*allumant la troisième lampe*).

Vous les défendez, madame Ménessier, vous avez encore de la bonté de reste... Avec ça qu'ils se gênent, eux, pour nous chiner ! Et cette façon de toujours donner des conseils, comme si on ne savait pas ce qu'on a à faire... Ils nous font la leçon, quoi, ni plus ni moins. Et tout ce que le docteur a dit l'autre jour sur l'alcoolisme, contre qui donc que c'était dirigé ? contre votre homme, bien sûr.

Mme MÉNESSIER

Vous croyez ? Ah ! bien, si j'avais su, j'y aurais répondu, et sans mettre de gants, encore !

ADÈLE

Comme si c'était un crime de boire un coup de temps en temps ! Non, voyez-vous, madame Mé-nessier, je sais ce que je dis... ces gens-là nous méprisent... D'ailleurs, c'est facile à voir qu'ils font bande à part. L'institutrice et la femme du docteur ne se quittent plus ; c'est le derrière et la chemise, ma parole ! Elles nous mettent à l'écart. Nous sommes du trop petit monde.

Mme BEAU

Nous valons bien autant qu'elles, pourtant.

Mme MÉNESSIER

Oh ! pour sûr !... au moins, nous, on est mariées..., on peut montrer son livret, y a pas d'erreur..., tandis qu'elle...

Mme BEAU

Elle s'est mariée à la mairie du XXI°, c'est bien connu.

ADÈLE

Un ménage à la colle, quoi !

Mme BEAU

Et pas d'enfant !

ADÈLE

Ces femmes-là n'en ont jamais.

Mme MÉNESSIER *(conciliante)*.

Elle s'occupe des nôtres, c'est vrai.

ADÈLE

Pour ce que ça lui coûte !

Mme MÉNESSIER

C'est comme la chanteuse de café-concert,
qu'elle dit que ça serait sa sœur censément. C'est
sa sœur comme je suis la vôtre, madame Rouffieu... La chanteuse et madame Alleyras, ça ne
fait qu'une.

ADÈLE

Je croyais que c'était une ancienne couturière.

Mme BEAU

Ça n'empêche pas.

Mme MÉNESSIER

Moi, j'ai appris ça par Ménessier qui l'a appris
chez Ledret, au *Soleil Levant*, en travaillant à la
ville. Preuve que ça sert tout de même à quelque
chose d'aller chez le marchand de vins. Il m'avait
fait jurer de ne rien dire, mais à vous, je peux
bien confier ça, vous ne bavarderez pas.

Mme BEAU

Vous pouvez être tranquille.

Mme MÉNESSIER

Eh bien ! paraîtrait qu'elle chantait à l'Alcazar, décolletée par en haut et par en bas, avec
des jupes courtes qui laissaient voir ses jambes.

Adèle

Ah ! ça, mais d'où que vous revenez, madame Ménessier ? Mais chacun sait ça ! Même qu'à Villiers, tout le monde se gargarise avec le répertoire de la dame.

Mme Beau

C'est du propre.

Mme Rouffieu

C'est une chouette recrue pour la colonie ! Vous savez, on a beau ne pas être fière, on n'aime pas de fréquenter des femmes comme ça..., voilà ce que je dis. Et c'est par ça qu'il faudrait se laisser marcher sur le pied ; c'est pour ça qu'il faudrait trimer du matin jusqu'au soir ! Ah ! lala ! Où qu'tu vas que j'te reconduise !

Mme Ménessier

Faut tout de même être juste... elle travaille...

Mme Beau

Elle travaille ?... Qu'est-ce qu'elle fait ?

Mme Ménessier

Dame ! elle habille nos petites filles, elle leur fait des robes.

Mme Beau

Avec ça qu'on l'a attendue…, les enfants n'allaient pas tout nus devant qu'elle arrive.

Mme Ménessier

Elle leur apprend aussi la musique.

Mme Beau

Parlez-moi encore de c'te invention-là ! A quoi que ça leur servira, le solfège ?… C'est un vrai cassement de tête pour un enfant. Moi je ne veux plus qu'elle apprenne au mien à faire le cabot. Tant pire si ça la défrise, je ne me gênerai pas pour y dire que ça ne me plaît pas.

Adèle

Et vous aurez joliment raison.

Mme Beau

Et puis, je ne l'engage pas à me bassiner.

Adèle

Oh ! pas de danger ! Madame est trop bien élevée pour s'attraper avec vous. Elle vous enverra son homme.

Mme Beau

Alleyras… je me demande, moi, si c'est bien un nom français, ça ?

Mme MÉNESSIER

Ménessier dit qu'il a connu un Espagnol qui s'appelait Alleyras.

Mme BEAU

Vous voyez bien, c'est pas français. Je m'en doutais... Alors, quoi ? on est une colonie étrangère. C'était pourtant bien assez de la femme à Testud.

Mme MÉNESSIER

Qu'est-ce qu'elle est, la femme à Testud ?

Mme BEAU

Comment, vous ne savez pas ? Elle est Belge ; j'ai vu son acte de naissance.

Mme MÉNESSIER

Elle vous l'a montré ?

Mme BEAU

Je vous dis que je l'ai vu, je ne vous dis pas qu'elle me l'a montré.

ADÈLE

C'est comme l'institutrice

Mme MÉNESSIER

Elle est Belge ?

ADÈLE

Non, je ne dis pas ça, mais qu'est-ce qu'elle
fait ici ?

Mme MÉNESSIER

Ah ! pour ça, y a pas d'erreur, elle instruit nos
enfants.

ADÈLE

Ils auront une jolie instruction si elle leur
apprend tout ce qu'elle sait ; car en voilà encore
une qui est roublarde ! Et puis, vous trouvez que
c'est un travail de se ballader toute la journée
dans la campagne avec les enfants. Il me semble
que j'en ferais bien autant, moi.

Mme MÉNESSIER

Paraît qu'elle leur donne des leçons de choses.

ADÈLE

De quelles choses ? c'est ce qu'il s'agirait de
savoir.

Mme MÉNESSIER

Oh !

ADÈLE

C'est comme dans les commencements qu'elle
était ici et qu'elle emmenait les gosses aux cinq

cent mille diables. Tout ça, c'était des prétextes à rendez-vous avec Collonges.

Mme MÉNESSIER

Vous les avez vus?

ADÈLE

Je sais ce que je dis. Il en est amoureux fou, l'amateur. Vrai, il n'est pas dégoûté de faire du boniment à une fille comme ça, surtout maintenant qu'elle trimballe son mioche, le petit Verdier, sur les bras.

Mme BEAU

L'habitude de se mêler de ce qui ne le regarde pas.

Mme MÉNESSIER

Ça ne l'a pas refroidi?

ADÈLE

Au contraire, on dirait que ça l'excite. Faut-il qu'un homme soit bête tout de même... car enfin, si elle a été avec le fils Verdier, c'est qu'elle y était consentante...; il ne l'a pas prise de force, pas vrai?... la-mère-la-victime..., à qui qu'tu contes tes bêtises! Et l'autre coupe là-dedans. Il l'épousera, je vous dis qu'il l'épousera. Ce jour-là, je lui prêterai ma fleur d'oranger..., je l'ai gardée sous un globe, pour elle.

Mme MÉNESSIER

Sacrée mame Rouffieu... elle est impayable !

Mme BEAU *(bas à Mme Ménessier)*.

Elle voudrait bien que l'amateur fasse attention à elle.

Mme MÉNESSIER

Sûr et certain.

ADÈLE

Enfin, c'est son affaire, mais en tout cas c'est pas un spectacle à montrer à des enfants. Je ne veux plus que ma fille aille avec elle. Et j'y dirai, pour sûr que j'y dirai.

Mme BEAU

Chut ! les voilà... Ensemble, comme de bien entendu.

ADÈLE

Ce qu'elles doivent nous débiner.

SCÈNE II

Les mêmes, formant un groupe hostile, à droite, HÉLÈNE et
JEANNE

JEANNE

Tiens! Jean n'est pas ici? Je croyais l'y trouver. Ces messieurs ne sont pas pressés aujourd'hui.

HÉLÈNE

La soirée est si belle. Il fait si bon, dehors! N'est-ce pas, mesdames?

Mme MÉNESSIER

Oui.

HÉLÈNE

Comment vont vos enfants, madame Rouffieu?

ADÈLE

Bien, merci.

HÉLÈNE

Leur indisposition n'a pas eu de suites?

ADÈLE

Non.

JEANNE

Ah! tant mieux. Jean qui les a vus ce matin me semblait redouter une fièvre, rougeole ou scarlatine. Il avait même, m'a-t-il dit, recommandé de les tenir en observation. Mais du moment que vous êtes rassurée...

ADÈLE *(sèchement)*.

Je sais à quoi m'en tenir, voilà.

JEANNE

Ils ont commis une imprudence?

ADÈLE

Non, madame. Mais on leur fourre une foule de choses inutiles dans la tête... alors, c'est pas étonnant qu'ils se plaignent d'y avoir mal.

HÉLÈNE

Je vous assure cependant, madame Rouffieu, que je n'exige d'eux aucun effort qu'ils ne puissent fournir.

ADÈLE

Dites donc tout de suite qu'ils sont plus bêtes que les autres.

HÉLÈNE

Je mentirais, car je les trouve, au contraire,

intelligents, pleins de bonne volonté et ce ne
sont pas ceux de mes élèves auxquels je suis le
moins attachée.

Mme BEAU

C'est flatteur pour les autres.

HÉLÈNE

L'aîné n'est-il pas un peu délicat?

ADÈLE

Je souhaite que votre enfant, mademoiselle, ait
une aussi bonne santé que les miens. Ils n'ont
jamais été malades jusqu'à présent.

Mme BEAU

Le mien non plus. C'est à croire qu'on a apporté
ici un mauvais air qui n'y était pas au commencement.

Mme MÉNESSIER

Madame Rouffieu a raison. On n'a pas besoin
d'apprendre tant d'histoires aux enfants, pour
qu'ils soient travailleurs et honnêtes.

HÉLÈNE

L'instruction que je donne aux vôtres est exactement celle que je donnerais au mien, s'il avait
l'âge de la recevoir.

ADÈLE

Justement, ça n'est pas la même chose. Nos enfants à nous ne sont pas sortis de la cuisse de Jupiter... *(Hélène fait un geste de découragement et va rejoindre Jeanne qui a ouvert le piano. — Aux deux commères.)* Eh bien ! c'est-y envoyé ?

Mme MÉNESSIER

Pour sûr que vous ne mâchez pas les choses, vous !

Mme BEAU

C'est comme ça qu'il faut leur parler à ces princesses.

(Jeanne joue les premières mesures du Soir, *de Schumann.)*

ADÈLE

Allons, bon, le chaudron, maintenant !

Mme BEAU

C'est exprès.

Mme MÉNESSIER

C'est pour nous couper la parole.

HÉLÈNE *(à Jeanne).*

C'est *Le Soir* de Schumann, n'est-ce pas ?

JEANNE

Vous connaissez ?

HÉLÈNE

Oui. Est-ce beau ! Quel apaisement... Quelle musique pleine d'étoiles !

ADÈLE

Ah ! ma chère !

Mme BEAU

Venez-vous, mesdames, on ne s'entend plus ici.

JEANNE *(se levant)*.

Restez, je ne veux pas être un embarras pour vous. Si j'avais pensé qu'un peu de musique pût vous gêner ou vous être désagréable, je m'en serais abstenue.

Mme BEAU

Oh ! vous êtes libre..., c'est à vous le piano.

JEANNE

C'est à tout le monde ici.

ADÈLE

Ça nous fait une belle main !

Mᵐᵉ BEAU

Seulement, le jour où se réunit le conseil de famille...

JEANNE

Vous avez raison...

Mᵐᵉ MÉNESSIER

C'est pas ici une salle de café-concert!

JEANNE

Vous aussi, madame Ménessier? Voyons, pourquoi ces paroles agressives? Pourquoi me cherchez-vous querelle? Qu'est-ce que je vous ai fait? Répondez.

Mᵐᵉ MÉNESSIER

Vous ne m'avez rien fait parbleu! J'ai dit ça... comme j'aurais dit autre chose.

JEANNE

Mais non. Vous avez dit cela par émulation, pour renchérir sur des insinuations qui voudraient être blessantes et qui nous font seulement, à mademoiselle Souricet et à moi, beaucoup de peine.

ADÈLE *(à mi-voix)*.

J'te vas plaindre?

JEANNE

Ecoutez. Je ne ne demanderais pas mieux que d'avoir une explication tout de suite, si elle devait mettre un terme à une situation qui serait bientôt insupportable. Qu'est-ce que vous avez à me reprocher? Est-ce que je ne suis pas venue à vous sincèrement, sans intérêt, sans arrière-pensée d'aucune sorte ? Avez-vous jamais vu dans mon attitude à votre égard la moindre provocation. Ne sommes-nous pas, mademoiselle Souricet et moi, dévouées à vos enfants comme s'ils nous appartenaient? Votre existence, nous la partageons absolument. Nous ne nous sommes pas présentées comme des bienfaitrices, mais comme des compagnes, et votre malveillance nous afflige moins que votre injustice...

Mme BEAU

Nous ne sommes pas injustes, nous voyons clair, voilà tout.

JEANNE

Ah! Et qu'est-ce que vous voyez?... Parlez, précisez vos griefs. Il est nécessaire de connaître ses défauts pour s'en corriger

Mme BEAU

C'est pas à nous de les dire.

JEANNE

Mais si, ou bien je les dirai à votre place et vous me reprendrez si j'en oublie. Avons-nous surpris votre confiance en venant ici ? Vous n'ignorez point que je n'étais pas mariée, et que mademoiselle Souricet avait été abandonnée par le père de son enfant. Est-ce là ce qui nous rend indignes de votre sympathie, de votre estime ? Avouez-le franchement. Si quelque chose nous étonnait encore après cela, ce ne serait pas d'être ici, mais de vous y voir, car les descriptions que l'on nous faisait de la terre promise ne la représentaient pas comme un purgatoire.

Mme MÉNESSIER

Mettez qu'on ne s'accorde pas bien ensemble, ça suffit.

JEANNE

J'aime déjà mieux ça. Mais reconnaissez alors que l'exemple des concessions vient de nous.

Mme BEAU

Personne ne dit le contraire. Votre supériorité éclate partout !

JEANNE

Allons donc ! Vous entendez, Hélène ?

HÉLÈNE

J'entends !...

JEANNE

A quoi bon effacer l'inégalité des conditions, si ceux au profit desquels on la supprime, s'appliquent à la maintenir ?. Mais comprenez donc que du peuple, j'en suis comme vous et que je l'aime puisque j'en sortais et que j'y reviens ! J'ai été ouvrière, j'ai gagné péniblement ma vie, j'ai connu l'isolement, les rebuffades, les privations, la misère et, tirée du malheur, je n'en ai rapporté que de la pitié et de l'amour pour ceux que j'y laissais... Sentez-vous maintenant la force et la solidité des liens qui nous unissent Jean et moi, de ces liens auxquels il ne manque plus vraiment de sanction morale, du moment qu'ils se resserrent sur vous ?

Mme MÉNESSIER

Ah ! ça, les hommes oublient l'heure, ce soir.

Mme BEAU

Oui, qu'est-ce qu'ils attendent pour venir ?

ADÈLE

Allons voir.

(Elles sortent, Adèle en fredonnant l'air de la chanson de café-concert qu'on chante à Villiers.)

SCÈNE III

HÉLÈNE, JEANNE

HÉLÈNE

Ah ! J'ai bien peur que nous ne les ramènions pas.

JEANNE

Mais si. Vous avez entendu... madame Rouffieu ne chante déjà plus que l'air ; elle me fait grâce des paroles. Qui sait ? Elles m'écoutaient, elles réfléchiront.

HÉLÈNE

Les pauvres femmes, elles buvaient vos paroles, oui, mais comme le sable boit une averse. Il n'y a que moi que vous ayez rafraîchie.

JEANNE

Alors, je n'ai pas tout à fait perdu mon temps. Et puis, même si notre impuissance à les convertir nous était démontrée, nous ne serions pas davantage excusables de nous décourager.

HÉLÈNE

C'est vrai. Pardonnons-leur, car elles ne savent ce qu'elles défont.

SCÈNE VI

JEANNE, HÉLÈNE, COLLONGES

COLLONGES

Je vous demande pardon, vous étiez en train de
causer ; je venais pour le conseil de famille, mais
je m'aperçois que je suis le premier, je vais faire
quelques pas dehors en attendant.

HÉLÈNE

Restez, je vous en prie, monsieur Collonges...
j'ai à vous parler.

JEANNE

Je vous laisse, je vais rejoindre Jean.
(Elle sort en leur faisant de la tête un signe affec-
tueux.)

SCÈNE V

HÉLÈNE, COLLONGES

COLLONGES

Ce n'est pas moi qui fais partir madame Alleyras?

HÉLÈNE

Non... elle va vraiment retrouver son ami...
Pauvre femme !... Elle a besoin d'être un peu
réconfortée.

COLLONGES

Réconfortée ? Comment ça ?

HÉLÈNE

Oui, il y a eu tout à l'heure une scène pénible.
Madame Rouffieu, madame Beau et madame Ménessier étaient ici quand nous sommes entrées et
je ne sais à quel propos, elles se sont mises à
nous dire des choses injustes et blessantes.

COLLONGES

A vous aussi ?

HÉLÈNE

Oui, mais moi, ça ne fait rien : j'y suis habi-
tuée, tout au moins préparée ; mais, pour
madame Alleyras, c'était la première fois. Alors
ça se comprend, elle a été bouleversée.

COLLONGES

J'entends d'ici les commères ! Madame Alleyras
espérait trouver à la colonie, de la bienveillance
et des cœurs généreux... elle y retrouve la médi-

sance, la calomnie et tous les potins de la petite
ville... Ça n'était pas la peine, assurément, de
changer de casernement. Il n'y a qu'à mépriser
ces bavardages.

HÉLÈNE

Sans doute, s'il n'y avait que des bavardeges...
mais il y a une chose plus grave et qu'il faut que
je vous confie.

COLLONGES

Attendez ! *(il va à la porte qui donne sur la
campagne, l'ouvre, regarde quelques instants au
dehors, la referme et revient auprès d'Hélène.)* Voilà
où nous en sommes, à prendre ces précautions ! Il
y a toujours les mêmes femmes qui rôdent autour
de nos conversations. Les instants que nous
passons ensemble sont comptés : on nous observe,
on nous épie et notre intimité est l'objet de com-
mentaires interminables ! Mais quelle est cette
chose grave que vous avez à me confier ?

HÉLÈNE

Tenez, lisez ceci... lisez.
*(Elle tend à Collonges un papier qu'elle a tiré de
son corsage. Collonges lit ou plutôt déchiffre à haute
voix.)*

COLLONGES

« Monsieur Verdier, j'ai l'honneur de vous informer qu'il y a, à la Clairière, un réfractaire qui se cache. Cherchez-le et vous le trouverez facilement. »

HÉLÈNE

Eh bien ! qu'en pensez-vous ?

COLLONGES

Ce qu'on doit penser d'une dénonciation.

HÉLÈNE

Quelle infamie !

COLLONGES

Quelle tristesse surtout ! Mais comment se fait-il que ce papier...

HÉLÈNE

Un hasard, naturellement. Tout à l'heure avant le dîner, je faisais la lecture aux enfants et comme toujours, après la lecture, ils me posaient cent questions. Tout à coup, Louis, le petit garçon de madame Beau, me demande : « Mademoiselle, qu'est-ce que c'est donc qu'un réfractaire ? » Comme ça n'avait aucun rapport avec ce que je venais de lire, je cherche à savoir pourquoi il me posait cette question. Alors, il m'a montré ce papier qu'il avait trouvé chiffonné par terre, je ne sais où.

COLLONGES

Vous n'en avez encore parlé à personne ?

HÉLÈNE

A personne.

COLLONGES *(comme à lui-même)*.

Que faire ? *(A Hélène.)* C'est entre les mains du petit Beau, dites-vous, que vous avez trouvé ça ?

HÉLÈNE

Oui, mais ce n'est pas une indication, l'enfant l'avait ramassé sur le chemin.

COLLONGES

Sans doute... d'ailleurs il serait bien facile avec cette écriture de remonter à la source et de connaître le coupable ; mais nous le ferons pas, n'est-ce pas ?

HÉLÈNE

Non, il ne faut pas le faire.

COLLONGES

C'est aussi votre avis ? Que ce secret reste donc entre nous deux. Nous en sommes réduits, comme dans l'autre société, à cacher nos plaies.

HÉLÈNE

Oui, c'est malheureux. Par exemple, ce qu'il faut faire et tout de suite, c'est connaître ce réfractaire et l'avertir ; il en est peut-être encore temps ; la lettre n'a peut-être pas été envoyée.

COLLONGES

Vous croyez donc qu'une mauvaise action peut ne pas être commise jusqu'au bout.

HÉLÈNE

Il faut toujours l'espérer. Et puis, en admettant que la lettre ait été envoyée, il ne doit pas y avoir longtemps. Ce papier n'est que le brouillon... Voyez, c'est plein de ratures.

COLLONGES

Oui. L'une d'elles est même significative : on a biffé le nom du maire et on a mis à la place celui de Verdier qui est un auxiliaire plus sûr.

HÉLÈNE

Quoi qu'il en soit, la lettre a dû être écrite tout récemment ; si ce brouillon avait traîné quelque temps dehors, il serait jauni, sali, tandis que l'écriture est au contraire toute fraîche. D'autre part on ne désigne personne directement. On avertit Verdier qu'il y a un réfractaire à la colonie.

COLLONGES

Ça revient toujours au même. Verdier transmettra la lettre à la gendarmerie qui fera immédiatement une enquête.

HÉLÈNE

Mais tout ça demande encore un certain temps. Si vous connaissez ce malheureux, il faut l'avertir; si vous ne le connaissez pas, cherchez-le... ça vous est plus facile qu'à moi.

COLLONGES

A quoi bon ?

HÉLÈNE

Comment! C'est vous qui dites : à quoi bon ? Quand il s'agit de sauver un des nôtres.

COLLONGES

Il n'y a pas besoin de chercher longtemps ni bien loin, allez : le réfractaire, c'est moi.

HÉLÈNE

C'est vous ?

COLLONGES

Oui... Vous êtes étonnée de la facilité avec laquelle vous avez obtenu cet aveu, n'est-ce pas ?

Après tout, je n'ai à en rougir devant personne, encore moins devant vous que devant tout autre. Pourquoi donc rougirais-je de ma conduite, puisqu'elle est la conséquence d'une conviction profonde, d'une foi ardente ? Si je n'en ai jamais rien dit ici, c'est parce que j'ai entendu quelquefois des camarades se targuer d'avoir fait leur service militaire, d'avoir été soldats, comme leurs femmes se targuent sans doute vis-à-vis de vous et de madame Alleyras d'être légitimement mariées... c'est la même chose. Il y a tant de préjugés enracinés dans le peuple ! Même là, et pourtant il a tout à y perdre, le refus de servir est considéré comme une chose criminelle, — et vous-même, vous vous éloignez instinctivement de moi.

HÉLÈNE

Non, je vous approuve, vos idées sont les miennes, vous le savez bien ; mais alors même que je ne les partagerais pas, il s'agirait moins de m'y convertir que de vous sauver.

COLLONGES

Je vous le répète, à quoi bon ? Je n'étais déjà pas très enthousiaste de cet essai de communisme, mais j'avoue que cette dénonciation me porte le dernier coup. Mon imagination n'était pas allée jusque-là... jusqu'au dégoût ! Il me semble que tout est noir autour de moi, et la Clairière s'emplit de ténèbres.

HÉLÈNE

Oui, c'est épouvantable et je vous plains de tout mon cœur... Je comprends votre lassitude, votre découragement ; mais si vous restez ici, qu'arrivera-t-il ?

COLLONGES

Il arrivera des gendarmes qui me conduiront à la prison d'abord, puis à la caserne, à l'expiration de ma peine.

HÉLÈNE

Vous, en prison, comme un malfaiteur ! comme un assassin ! et justement parce que vous ne voulez pas être forcé de tuer ! Non, non, ce n'est pas possible, il faut partir tout de suite, gagner sans retard la frontière.

COLLONGES

C'est inutile. D'ailleurs, en me cachant ici, sous un faux nom, c'est à mes idées surtout que je suis réfractaire.

HÉLÈNE

Comment ça ?

COLLONGES

Mais certainement; mon refus de servir perd
sa signification et sa portée du moment qu'il de-
meure obscur, isolé, je dirais presque honteux.
Je devrais l'afficher, le crier au contraire, avec
force, avec orgueil, pour qu'il eût des chances
d'être efficace. Ah! ils ont bien raison ici de
m'appeler l'amateur. Leur instinct a bien trouvé
le surnom qui me convient. Un amateur, voilà
mon rôle en effet ; mais il faut que ça cesse, il est
temps. Je ne suis même pas le soldat de ma
cause.

HÉLÈNE

Mais pour la défendre, il faut que vous soyez
libre! En vous laissant emprisonner, vous donnez
satisfaction à ceux qui ont intérêt à faire le silence sur votre exemple, pour qu'il ne soit pas
contagieux. Partez, je vous en conjure.

COLLONGES

En quoi mon départ pourrait-il être utile à
notre propagande? Tous les ans, quelques centaines d'hommes se dérobent au service militaire.
Quel bénéfice la masse en a-t-elle retiré? Les mêmes obligations continuent de peser sur elle.
C'est avec des conseils comme le vôtre qu'on ne
fait jamais rien et ma fuite ne prouverait pas

grand'chose. Non, je resterai, mais je ferai en sorte que ma protestation soit éclatante, je vous le jure.

HÉLÈNE

Taisez-vous, André, taisez-vous!... c'est la voix irritée d'un revenant que vous me faites entendre... Vous-même m'aviez dit que l'homme des haines aveugles, l'homme de terreur et de violence était mort en vous.

COLLONGES

Il ressuscite! Je suis las de l'inaction et de la contemplation stériles. Je veux agir; l'exemple seul est fertile.

HÉLÈNE

André! André!... qu'allez-vous faire?... songez à ceux qui vous aiment.

COLLONGES

Personne ne m'aime... je suis seul.

HÉLÈNE

Ne parlez pas ainsi, vous n'en avez pas le droit. Ah! c'est mal à vous de me faire souffrir. Mais vous ne voyez donc pas dans quelles transes, dans quelle angoisse je suis? Depuis que je sais que c'est vous qui êtes dénoncé, je tremble pour vous...

je ne peux pas supporter l'idée que vous soyez
arrêté, emprisonné... Je ne le peux pas... Partez, André, je vous en supplie... Ayez pitié de
moi.

(Elle dit ces derniers mots d'une voix très basse.)

COLLONGES

Écoutez, Hélène, vous vous souvenez d'un matin
où, ici même, j'ai eu ce mouvement de colère contre l'homme qui vous avait séduite. Vous aviez
compris, n'est-ce pas? *(Hélène fait signe que oui.)*
Depuis, je ne vous ai jamais parlé de rien... Nous
avons eu pourtant de longues conversations ensemble ; j'éprouvais une joie infinie à causer avec
vous... J'apprenais à vous connaître. Votre intel-
ligence, votre droiture, votre générosité, tout cela
faisait que je vous aimais chaque jour davantage.
Je vous avais silencieusement choisie pour ma
véritable compagne. Eh bien ! puisque vous trem-
blez pour moi, puisque vous voulez que je parte,
si vous voulez me suivre, je partirai. J'ai un métier avec lequel je pourrai partout gagner ma vie
et la vôtre... et celle de votre enfant. Notre patrie
sera l'endroit où nous pourrons nous aimer sans
contrainte et vivre en travaillant. Mais vous ne
répondez pas.

HÉLÈNE

Je ne peux pas partir avec vous.

Collonges

Vous ne pouvez pas? Vous ne voulez pas. Le
fait est que je ne vous propose pas quelque chose
de bien engageant. Je vous demande pardon... je
me suis trompé... J'avais cru...

Hélène

Non, André, vous ne vous ne vous êtes pas
trompé et pour me parler comme vous venez de
le faire, pour me proposer d'être votre compagne,
c'est que vous aviez bien deviné ce qui se passe en
moi. Mais je ne peux pas vous suivre parce que
mon départ serait une désertion et celle-là plus
grave que la vôtre. Quels que soient les torts de
quelques-uns d'entre nous, je ne peux pas oublier
que j'ai été accueillie ici, sauvée, oui, sauvée,
alors que j'étais dans la plus grande détresse ma-
térielle et morale. Je ne dois pas être ingrate. Je
ne peux pas, je ne suis pas libre, vous comprenez?

Collonges

Oui, je comprends vos scrupules, ils sont très
respectables, mais vous voyez bien que j'avais
raison quand je vous disais tout à l'heure que j'é-
tais seul. Vous me connaissez, je ne fais pas de
phrases; à quoi ça me servira-t-il de partir si vous
n'êtes pas auprès de moi? N'importe où je la traî-

nerai, à l'étranger ou en prison, mon existence sera désormais misérable. Donc, je reste..., j'attends qu'on vienne me chercher, m'arrêter... si je me laisse faire.

HÉLÈNE

Voyons, André, soyez raisonnable

COLLONGES

Je ne peux pas l'être autant que vous.

HÉLÈNE

N'allez pas faire surtout quelque coup de tête irrémédiable !

COLLONGES

Faites attention... on vient.

HÉLÈNE

Promettez-moi...

COLLONGES

Je ne vous promets rien.

(Pendant ces dernières répliques, on entend la voix de Poulot qui chante au dehors :

Le plaisir nous convie,
Sans attendre à demain,
Suivons de la folie,
Suivons le gai chemin !

Et c'est en chantant toujours que Poulot entre, suivi du Père Nu-Tête et de Bougoin.)

SCÈNE VI

LES MÊMES, LE PÈRE NU-TÊTE POULOT, BOUGOIN

LE PÈRE NU-TÊTE

Eh ! bien, monsieur Capoul, on peut dire que la compagnie où que vous compterez à l'ordinaire ne s'ennuiera pas.

POULOT

Elle s'ennuiera moins que moi, pour sûr !

LE PÈRE NU-TÊTE

Avec vous, je retrouve mes jambes de trente ans.

POULOT

Gardez-les.

BOUGOIN *(s'asseyant)*.

Moi je retrouve... mes palpitations

POULOT

Délicat !

LE PÈRE NU-TÊTE

Faut vous faire réformer, monsieur Bougoin.

Bougoin

Vous en parlez à votre aise, père Nu-Tête... Et des protections? Mieux vaut des protections et pas de maladie, qu'une maladie et pas de protections. Est-ce vrai?

Le père Nu-Tète

C'est vrai.

(Cependant, Rouffieu est entré avec le Docteur et Jeanne.)

SCÈNE VII

Les mêmes, ROUFFIEU, LE DOCTEUR, JEANNE

Rouffieu

Alors, monsieur Alleyras, vous croyez vraiment que ce n'est pas sérieux?

Le docteur

Avec les enfants, mon bon Rouffieu, on ne sait jamais, ce n'est pas leur fièvre qui m'inquiète, mais les symptômes d'une affection qui n'a pas encore de caractère défini. Nous verrons demain matin.

Rouffieu

L'incertitude est insupportable.

Le docteur

Oui. Eh! bien, voulez-vous me faire le plaisir de vous reposer sur moi, au lieu de chercher, dans le livre de médecine que j'ai aperçu chez vous, toutes les maladies dont vos enfants pourraient être atteints.

Rouffieu

Je sais bien... C'est bête... Mais c'est plus fort que moi.

Le docteur

Allons, tranquillisez-vous et si cette nuit vous jugiez ma présence nécessaire, venez frapper à ma porte.

Rouffieu

Merci. Je ne me coucherai pas.

Jeanne *(au docteur qui se dirige vers elle).*

Tu as rassuré monsieur Rouffieu?

Le docteur

Oui. Quand le médecin est appelé auprès d'un enfant, n'est-ce pas d'abord aux parents qu'il doit donner ses soins?

SCÈNE VIII

Les mêmes, ADÈLE, puis les ménages BEAU, MÉNESSIER, TESTUD, et successivement les autres membres de la colonie, au nombre d'une dizaine, hommes et femmes ; quelques-unes d'entre elles apportant leurs chaises, comme à la veillée.

ROUFFIEU *(à Adèle lorsqu'elle entre).*

Pourquoi n'es-tu pas restée auprès des petits ?

ADÈLE

J'y retournerai tout à l'heure.

ROUFFIEU

Ta place serait plutôt là qu'ici.

ADÈLE

Je sais ce que j'ai à faire.
(Elle s'éloigne de lui et va rôder autour de Collonges et d'Hélène qui causent ensemble.)

BOUGOIN

Hé ! Ah !

POULOT

Quoi ?

BOUGOIN

Pige donc la tête que font les Testud.

POULOT

Ils ont l'air d'avoir perdu un des leurs.

BOUGOIN

Oui : un veau.

MÉNESSIER *(à Beau)*.

Moi, j'te dis, mon vieux, que ça serait bien plus fraternel, notre conseil de famille, si on prenait la moindre des choses, un saladier, de la bière, ce qu'on voudrait, quoi !

BEAU *(entre ses dents)*.

Possible !

MÉNESSIER

Toi, Beau, je suis sûr que c'est pour ça que t'ouvres jamais la bouche aux réunions. C'est l'effet que ça produit sur moi. Quand je ne suis pas excité par un petit coup de sirop, j'ai la langue comme un poisson mort, et je ne m'intéresse à rien.

BEAU

T'as peut-être raison.
(Il s'éloigne.)

MÉNESSIER *(à Mme Beau)*.

Il n'est pas plus communicatif ce soir que d'habitude, votre mari, madame Beau.

Mme BEAU

C'est pas son jour.
*(Cependant les communistes se sont installés sans
ordre, par groupes sympathiques. Les femmes,
cousent. Adèle a le nez dans un livre, Hélène et
Mme Alleyras, à une petite table, au premier plan,
confectionnent, l'une des objets de layette et la seconde un abat-jour. Rien n'indique que le docteur et
Rouffieu président la séance, sinon leur place autour
de la grande table.)*

ROUFFIEU *(légèrement).*

Peut-être quelques-uns d'entre vous, camarades, connaissent-ils déjà la mauvaise nouvelle
que j'ai à vous annoncer.

VOIX DIVERSES

Hein? Quoi? Non.

ROUFFIEU

Nous avons une contravention.

MÉNESSIER

Ordre de qui?

ROUFFIEU

Du fisc. Je vous ai dit, samedi dernier, qu'un
propriétaire des environs avait consenti à l'échange

d'une pièce de son vin contre du fourrage. J'ai fait prendre le vin, hier soir ; mais comme nous avons négligé d'acquitter je ne sais quels droits de régie, les gendarmes rencontrant notre charrette ont dressé procès-verbal.

BOUGOIN

Et ça nous coûtera cher ?

ROUFFIEU

Dame ! je ne sais pas, mais probable qu'on nous salera.

BOUGOIN

On n'en mourra pas.

MÉNESSIER *(faisant claquer sa langue).*

Ça dépend !

ROUFFIEU

C'est une perte, sans doute, mais je m'empresse d'ajouter qu'elle est compensée par un bénéfice inattendu.

POULOT

Chouette !...

ROUFFIEU

L'un de nous, réparant la cheminée d'un camarade, a trouvé deux cents francs enfouis dans les cendres du foyer.

TESTUD *(se levant).*

C'est pas moi qui les avais cachés là.
(Murmures.)

LE DOCTEUR

On ne vous adresse pas de reproches, Testud... Rouffieu, au contraire, s'est bien gardé de désigner personne, et l'on doit lui savoir gré de sa discrétion.
(Nouveaux murmures.)
Je m'étonne que nous ne soyons pas tous du même avis là-dessus.

ROUFFIEU

Un camarade m'a remis deux cents francs. J'en accuse réception et j'indique en même temps les circonstances de cette rentrée, voilà tout.

TESTUD *(en colère).*

Oui... Eh bien ! moi, j'en ai assez !... j'en ai assez, des soupçons et des manigances. J'aime mieux m'en aller.

POULOT

Bon débarras !

14.

TESTUD

Viens-t'en, femme... Rentrons chez nous... Puisqu'on nous prend pour des voleurs, j'avons plus rien à faire ici. Bonsoir chacun un !
(*Mme Testud roule son ouvrage.*)

LE DOCTEUR

On ne vous prend pas pour des voleurs.

TESTUD

Si. Nous le voyons bien. C'est pas la première fois qu'on en fait mention ; ça sera la dernière... On va faire ses paquets, et on déménagera le plus tôt possible.

Mme TESTUD (*emportant sa chaise*).

Il y a déjà longtemps qu'on se méfie de nous et qu'on nous espionne. C'est pas seulement dans la cheminée qu'on a fouillé, c'est aussi dans nos papiers. *(Faibles protestations.)* A quoi que ça vous avance de savoir que je ne suis pas Française, dites ? Eh bien ! oui, je suis Belge, et puis après ? *(Murmures.)* Il ne manque pas de Français à l'étranger, pourquoi qu'il n'y aurait pas d'étrangers en France ? C'est-y de ma faute, à moi, si je suis née là-bas plutôt qu'ici ? Est-ce que vous m'avez nourrie à rien faire ? Je ne me demandais pas, moi, en remuant vos champs, si c'était de la terre de Belgique ou de la terre de France. Et les légumes que j'ai fait pousser et que vous mangiez, imbéciles, est-ce que vous leur trouviez un accent? *(Murmures.)* Au plaisir de ne jamais vous revoir.

ROUFFIEU

Nous regrettons votre départ... *(Protestations.)* Mais nous ne nous y opposons pas.
(Marques d'assentiment.)

TESTUD

Esquintez-vous le tempérament, v'là ce que ça vous rapporte !

MÉNESSIER

Pas même deux pour cent !

POULOT *(saluant Testud qui passe devant lui pour gagner la porte).*

Honneur à l'Épargne malheureuse !

BOUGOIN *(de même).*

Sans rancune, mon vieux bas de laine !
(Testud sort avec sa femme.)

TESTUD *(du dehors).*

Saltimbanques !

SCÈNE IX

Les mêmes, moins le ménage TESTUD

Mme Ménessier

Pauvre mère Testud! C'est malheureux pour elle tout de même. Elle vaut mieux que lui... Peut-être qu'elle ne savait pas qu'il cachait de l'argent.

Mme Beau

Elle n'a qu'à retourner dans son pays.

Adèle

C'est vrai. Pourquoi vient-elle manger notre pain?

Le docteur

Voyons, madame Rouffieu, elle vous l'a dit : le pain qu'elle mangeait, elle le gagnait comme vous.

Adèle

On se fait naturaliser.

Le docteur

Le besoin et la pauvreté naturalisent

Mme BEAU

Moi je suis sûre qu'ils ne cherchaient qu'un prétexte pour décamper... La preuve, c'est que Testud a fait dernièrement plusieurs visites à Verdier ; le conseiller municipal a dû lui promettre je ne sais quoi s'il quittait la colonie... une bonne place... des avantages..

LE DOCTEUR

Diable ! La perspective de voir Testud revenir un jour habillé en garde champêtre me donne des inquiétudes pour notre sécurité.
(*Rires.*)

BOUGOIN

Ah ! ça, est-ce que tout le monde va s'en aller ? Il ne restera bientôt plus personne à la colonie.

ROUFFIEU

Comment ?

BOUGOIN

Dame ! il y a ici Poulot et moi qui partons le mois prochain pour accomplir une période d'instruction de vingt-huit jours.

POULOT

Pas moyen d'y couper.

Collonges (*au fond*).

Pas moyen... pas moyen...

Poulot

Voyons, tu ne voudrais pas qu'on risque la prison, du rabiot, des tas d'histoires pour une méchante corvée de vingt-huit jours !

Bougoin

S'il s'agissait de trois ans... ou même d'une année, je ne dis pas, ça demanderait peut-être de la réflexion !

Collonges

Ça ne devrait pas en demander davantage pour quatre semaines que pour trois ans. Le temps ne fait rien à l'affaire.

Bougoin

Bien sûr, on connaît tes idées là-dessus.

Beau

Des actes, c'est autre chose.

Poulot

Tiens ! Beau qui se réveille.

MÉNESSIER

Beau a raison... Une parole, ça n'engage à rien.

COLLONGES

Qu'à la tenir.

BOUGOIN

C'est égal... on ne peut tout de même pas comparer la vie de caserne pendant des mois, des années, avec vingt-huit jours d'exercices, de manœuvres qui sont une préparation nécessaire à la guerre.

COLLONGES

Ah ! si la guerre a parmi vous des partisans !

BOUGOIN

Des partisans, non, mais enfin, tant que le désarmement général sera un rêve...

COLLONGES

Il ne tient qu'à vous qu'il soit une réalité.

POULOT

Ah ! oui ! la grève des soldats..., le combat qui finit faute de combattants...

COLLONGES (*se levant*)

Non. Mais le combat qui ne commence pas. Si j'ai reculé, dans le temps, devant l'acte violent, brutal, qui pouvait compromettre le succès d'une belle cause, pourquoi estimerais-je avantageux pour l'humanité le même acte accompli collectivement ? Le nombre et l'uniforme ne sont pas des excuses au meurtre.

LE DOCTEUR

Écoutez, Collonges, comme vous, nous détestons la guerre et ses années d'apprentissage à la caserne ; comme vous, nous répugnons à passer de cette absurdité à cette sauvagerie, sur un ordre venu d'un côté ou de l'autre du poteau qui n'est pas moins bête qu'un poteau parce qu'on l'appelle frontière. Mais pour arriver au résultat dont vous entretenez l'illusion, il faudrait changer complètement l'âme des foules.

COLLONGES (*descendant*).

Si vous ne les instruisez pas d'exemple, qu'est-ce que vous faites ici ?

LE DOCTEUR

Nous mûrissons ce qui n'est pas mûr

COLLONGES

En attendant, vous consentez à végéter sous un déguisement, à mettre votre pensée sous l'éteignoir d'un matricule. Et si vous n'abdiquiez encore que votre liberté ! Mais la liberté, vous l'étouffez inconsciemment chez les autres, en étant dans les casernes, comme l'a dit quelqu'un, des pauvres armés toujours prêts à contenir des pauvres sans armes.

MÉNESSIER

J'ai fait deux fois vingt-huit jours et une fois treize jours... et je pensais ni plus ni moins qu'à présent.

COLLONGES

Il n'y a pas de baïonnettes intelligentes !

BEAU

Moi, j'ai fait mon service dans le train... et je n'ai jamais opprimé personne.

COLLONGES

C'est bien cela ! Votre vanité oscille comme un pendule entre le livret de mariage et le livret militaire !

MÉNESSIER

Père Nu-Tête, dites-y donc ce qu'il en coûte

pour défendre son pays... vous qui boitez
depuis 70.

LE PÈRE NU-TÊTE (*assis, à l'écart*).

Pardon... Pardon...

MÉNESSIER

C'est pas pendant la guerre que vous avez été
blessé ?

LE PÈRE NU-TÊTE

Non... non... au contraire...

LE DOCTEUR (*souriant*).

Comment ça, au contraire ?...

LE PÈRE NU-TÊTE (*se levant*).

Voilà la chose: c'est un coup de fusil que m'a
envoyé le Maire de chez nous, un monsieur très
riche et pas commode, un soir que j'avais grimpé
sur son mur pour atteindre un arbre à fruits... « Ça
t'apprendra, qu'il m'dit, quand il m'eut reconnu,
à faire la différence de ce qui est à toi, à ce qui est
ma propriété ! » Mais à quelque temps de là, les
Allemands qui avaient envahi le village se vengè-
rent du mal que les francs-tireurs leur z'avaient
fait en mettant le feu à la maison du Maire. Comme
je la regardais brûler, il m'aperçut et me traita
de propre-à-rien, de sans-cœur.... « Excusez-moi,

que j'y dis en montrant ma jambe, pas de danger que retourne chez vous, la leçon m'a profité... n'ayant rien à moi, je n'ai rien à perdre. Puisque la maison vous appartient, sauvez-la ! »

(*Rires.*)

COLLONGES

Retiens ça, Ménessier.

LE PÈRE NU-TÊTE

J'étais jeune, j'avais encore de la réplique, en ce temps-là.

COLLONGES (*remonté au fond*).

Eh bien ! camarades, il me semble que si quelqu'un maintenant mérite d'être appelé l'Amateur, c'est le père Nu-Tête et non pas moi.

BEAU

En effet. On pourrait peut-être appeler autrement les gens qui ne se trouvent pas bien quelque part et qui y restent quand même, on ne sait pas pourquoi.

(*Toutes les têtes se tournent vers Beau.*)

COLLONGES

Ah ! bah !... Et comment les appelles-tu, toi ?

BEAU (*entre ses dents*).

Mouchards !

COLLONGES (*se levant*).

Mouchard ! moi !... Eh bien ! elle est forte, celle-là ! (*Les camarades qui sont auprès de lui l'arrêtent dans son élan pour se jeter sur Beau.*) Tiens ! si tu n'étais pas plus bête que méchant, je te ferais ravaler ce mot-là et plus vite que ça... Il y en a un, parmi vous, si tu veux que je te le dise.

ROUFFIEU

Voyons, Collonges...

COLLONGES

Oui, il y en a un, mais ce n'est pas moi ; c'est celui qui a écrit ça.
(*Il tire de sa poche le brouillon de la lettre de dénonciation et le met sous le nez de Beau.*)

BEAU (*regardant le papier avec indifférence*).

Qu'est-ce que tu veux que j'y fasse ?

COLLONGES

Oh ! rien... il n'y a rien à faire... tu as raison. (*Il passe.*)

BOUGOIN

Voyons... *(Il prend le papier.)* Eh bien ! vrai, c'est pas pour dire, mais celui qui a écrit ça est une belle vache !

COLLONGES

Tu trouves ?

MÉNESSIER

Qu'est-ce que c'est ?

Mme BEAU

Lisez donc...

POULOT

Lis tout haut, Délicat...

BOUGOIN *(lisant)*.

« Monsieur Verdier, j'ai l'honneur de vous informer qu'il y a un réfractaire qui se cache à la colonie... Cherchez-le et vous le trouverez facilement. »

MÉNESSIER

Et c'est signé ?

BOUGOIN

Tu ne le voudrais pas... c'est signé : Mon pain !

COLLONGES

Ainsi c'est moi qu'on traite de mouchard et c'est moi qu'on dénonce. Comme ça, je trinque des deux côtés à la fois, je n'ai vraiment pas de chance.

BOUGOIN

C'est donc toi qui es censé désigné là-dedans ?

COLLONGES

Oui, c'est moi.

MÉNESSIER

T'as donc pas fait ton service ?

COLLONGES

Faut croire.

POULOT *(qui, lui aussi, a lu le papier).*

Eh bien ! moi, je dis que c'est pas possible... tu te trompes, Collonges, c'est pas possible... On n'est pas toujours d'accord, mais on est tout de même des camarades, des braves gens... c'est pas quelqu'un d'ici qui a fait ça, n'est-ce pas, Rouffieu ?

ROUFFIEU *(debout).*

Ce serait tellement abominable... Passe-moi le

document. *(Poulot lui donne le papier qu'il examine attentivement au milieu d'un grand silence. D'une voix contenue, encore calme.)* Adèle! viens donc ici.

(Tous les regards sont tournés vers Rouffieu.)

ADÈLE *(visiblement troublée)*.

Quoi?

ROUFFIEU

Je te dis de venir ici.

ADÈLE

Pourquoi faire?

ROUFFIEU

Je te le dirai... viens d'abord.
(Adèle, très pâle, descend lentement jusqu'à Rouffieu.)

ADÈLE

Eh bien ! me voilà...

ROUFFIEU *(lui mettant le papier sous les yeux) :*

Tu ne reconnais pas cette écriture-là?

ADÈLE

Non.

ROUFFIEU

Ah ! Eh bien ! moi, je la reconnais, j'ai idée que c'est la tienne.

ADÈLE

Je te jure, Rouffieu...

ROUFFIEU

Ah ! ne jure pas... ne mens pas... c'est toi qui as écrit ça... dis ?...
(Il la prend par le poignet, elle se dégage.)

ADÈLE *(rageusement et indistinctement).*

Oui

ROUFFIEU

Voyons, pourquoi as-tu fait ça? Qu'est-ce qu'il t'a fait, cet homme-là, pour que tu le vendes ?

ADÈLE

Je ne sais pas.

ROUFFIEU

Tu ne sais pas ?... Allons donc ! tu as une raison ou alors c'est que tu serais devenue folle... Tu n'est pas une enfant... tu as une raison.

Adèle

Oui, j'en ai une.

Rouffieu

Laquelle? quoi?... il t'a manqué?... il t'a fait des misères? Mais parle donc, saleté!

Adèle

Je parlerai si je veux.

Rouffieu

Si tu veux! Ah! ne fais pas la bûche, tu sais, ou ça va mal tourner.

Adèle

Je te le dirai; mais, plus tard... pas ici... on s'expliquera chez nous.

Rouffieu

Pas du tout... c'est ici que tu t'expliqueras... c'est ici que ça a commencé, c'est ici que ça finira, de quelque façon que ça finisse... Chez nous?... Non, non, tu t'expliqueras devant tout le monde... Moi je n'ai rien à cacher, je n'ai peur de personne... Est-ce que tu t'imagines que je vais couvrir tes infamies?... Réponds... Pourquoi as-tu dénoncé Collonges?

HÉLÈNE *(intervenant).*

M. Rouffieu, je vous en prie...

ROUFFIEU

Mademoiselle, je vous demande pardon, mais ça me regarde. Vous êtes encore trop bonne d'avoir de la pitié pour cette mauvaise bête.

ADÈLE *(toisant Hélène).*

Qu'est-ce qui vous demande quelque chose à vous?... De la pitié! Mais je n'en ai pas besoin de votre pitié!... Qu'est-ce qu'elle vient encore nous embêter, celle-là?... Elle aurait mieux fait de rester où qu'elle était au lieu de venir lever des hommes à la Clairière avec ses airs de Sainte-Nitouche. De la pitié! Occupez-vous donc de votre amateur, ça vaudra mieux.

ROUFFIEU

Ah! Je la connais maintenant ta raison. C'est du propre! C'est donc parce qu'il s'occupait trop d'une autre et pas assez de toi? Je vois la chose : tu courais après lui et il ne se retournait pas... Alors, madame était jalouse, elle a voulu faire du roman... Ah! tu y as la main, oui... En effet, avec une garce de ton espèce, il devait bien y avoir une raison comme celle-là... parce que vous autres... vous autres femelles, quand ça vous démange, le monde peut crever.., vous vendriez bien père et mère, vous vendriez bien toute la terre... Dis donc que c'est pas vrai !

JEANNE

Voyons, Rouffieu, calmez-vous... Le mal est peut-être moins grand que vous ne le croyez.

ROUFFIEU

Qu'est-ce qu'il vous faut !

JEANNE

Je veux dire : la lettre n'a peut-être pas été envoyée.

ROUFFIEU

C'est vrai... Vous avez raison et je perds la tête au milieu de tout ça. Il y a ça aussi qu'il faut savoir... *(A Adèle.)* Réponds-moi et tâche un peu de dire la vérité... L'as-tu envoyée, cette lettre ?... Fais bien attention à ce que tu vas dire.

ADÈLE

Oui, je l'ai envoyée.

ROUFFIEU

Et c'est à Verdier que tu l'as envoyée ?

ADÈLE

Oui, c'est à Verdier.

ROUFFIEU

Ah ! tu as bien choisi ton homme... c'est complet... Quand ça l'as-tu envoyée ?

ADÈLE

Hier soir avant le dîner.

ROUFFIEU

C'est bien sûr ?

ADÈLE

Oui.

ROUFFIEU

C'est bien, il n'y a pas de temps à perdre.

ADÈLE

Je n'ai nommé personne.

ROUFFIEU

Oh ! ça, tu comprends, pour moi, pour nous, c'est la même chose. Il faudrait peut-être encore qu'on te remercie... Tu n'en es pas moins une poison qui mériterait...; mais nous règlerons cette affaire-là tout à l'heure, entre nous, cette fois, à

la maison... Pour le moment, il y a quelque
chose de plus pressé : tu vas demander pardon
au camarade, tout de suite... là...
(Adèle fait signe que non.)

COLLONGES

Ah ! non ! Rouffieu... n'exige pas ça d'elle...
ce n'est pas la peine... et puis ça n'avance à
rien.

ROUFFIEU *(à Adèle).*

Allons !

COLLONGES

Je t'en prie, Rouffieu...

ROUFFIEU

Laisse-moi, c'est mon affaire... *(A Adèle)* Tu
m'as entendu... Allons !

ADÈLE

Demander pardon, moi !... Tu ne m'as pas re-
gardée.

ROUFFIEU

Éh bien ! je te regarde maintenant.

ADÈLE

Oh ! tu ne me fais pas peur.

ROUFFIEU

Possible... demande toujours pardon.

ADÈLE

Jamais.

ROUFFIEU

Nom de Dieu ! nous allons bien voir.
*(Il la prend par le bras et, la secouant rude-
ment, veut la forcer à s'agenouiller.)*

ADÈLE *(se débattant).*

Non, je ne veux pas... je ne veux pas... tu me
fais mal... Brute ! brute ! lâche ! tu me fais mal.
Je ne veux pas, entends-tu, je ne veux pas !

ROUFFIEU

Tu vas lui demander pardon ou sans ça je
t'écrase...

ADÈLE

Non !... tu me tueras plutôt !
(On les sépare. Bruit.)

Mme MÉNESSIER

Laissez-la, Rouffieu... C'est une femme qui est
butée.

Rouffieu

Je m'en fous, moi, qu'elle soit butée... moi aussi, je suis buté.

Collonges

Mais je ne veux pas, moi, qu'elle me demande pardon... A quoi bon lui imposer cette humiliation ?... Ça ne change rien.

Rouffieu

Je vais la ménager, peut-être !... Tu ne veux pas t'humilier ? Ah ! choléra ! tu n'avais pas tant de fierté quand tu as mis ta lettre à la poste.

Le docteur

Vous n'en obtiendrez rien, Rouffieu... Et puis, songez qu'après tout, c'est une femme.

Rouffieu

Ça, une femme, allons donc ! Ah ! je n'ai pas de pitié pour elle, je vous assure. Tiens, va-t-en, que je ne te voie plus... je te briserais la tête... Rentre chez nous et attends-moi.

Adèle

Plus souvent que je vais rentrer chez nous !... T'as levé la main sur moi, Rouffieu, tu m'as brutalisée devant tout le monde ; je t'ai assez vu.

Pour sûr que je m'en vais et plus loin que tu crois... et sans regret!... J'en ai assez, moi, de votre fourbi; j'en ai soupé de votre sale turne où c'est toujours les mêmes qui turbinent pendant que les autres n'en fichent pas une secousse ; où l'on n'a de la considération que pour celles qui ont fait les quatre cents coups! Bonsoir la colonie! *(Avant de sortir.)* V'là pour elle!...

(Elle crache par terre et s'en va, en faisant claquer furieusement la porte.)

ROUFFIEU

Va-t-en au diable!... Je ne te retiens pas...
(Il tombe accablé sur une chaise, la tête dans les mains, et par une détente après la colère qu'il vient d'avoir, il sanglote.)

LE DOCTEUR

Voyons, mon pauvre Rouffieu, il ne faut pas vous mettre dans cet état-là... Oui, je sais bien, c'est affreux... mais elle n'est peut-être pas tout à fait responsable.

ROUFFIEU

Oh ! parbleu ! vous autres médecins, vous voyez l'irresponsabilité partout.

LE DOCTEUR

Non, mais vous savez bien ce que c'est que les

femmes… vous le disiez vous-même tout à l'heure… Quand elles sont possédées par l'amour, ça les bouleverse, ça les détraque, elles ne savent plus ce qu'elles font.

ROUFFIEU

Ça n'est pas une raison.

BOUGOIN

Et puis quoi, mon vieux ? puisque Collonges n'a pas voulu, tu ne l'es pas.

ROUFFIEU

Tu te trompes, Bougoin, si tu t'imagines que c'est là-dedans que je mets mon honneur? Ça m'est bien égal… J'aurais mieux aimé cent fois qu'elle couche avec tous les camarades et que ce qui est arrivé ne soit pas arrivé… C'est autrement grave et c'est par là que je suis déshonoré.

LE DOCTEUR

Ça ne vous atteint en rien, mon bon Rouffieu. Vous savez bien qu'ici le crime de la femme ne rejaillit pas sur le mari ; et par notre estime et notre affection, nous vous séparons de cette malheureuse.

BOUGOIN

M. Alleyras a raison… il dit mieux que nous ce

que nous éprouvons tous... Moi je ne peux que te
donner la main, Rouffieu, mais c'est de bon
cœur.

POULOT

Moi aussi, mon vieux.
(On l'entoure et on lui serre la main.)

ROUFFIEU *(à Collonges qui hésite à s'avancer.)*

Et toi, Collonges?

COLLONGES

Je n'osais pas.

ROUFFIEU

T'es bête !
*(Il lui tend la main. Les deux hommes s'étrei-
gnent dans une fraternelle accolade.)*

BOUGOIN

Allons ! il y a du bon !

POULOT

Va, mon vieux, laisse donc tout ça de côté.

MÉNESSIER

Si on faisait venir quéque chose... on s'enten-
drait mieux.

BEAU *(qui est resté, pendant toute cette scène, immobile et concentré, assis auprès du piano, se levant tout d'un coup.)*

Nom de Dieu de nom de Dieu !...

BOUGOIN

Qu'est-ce qui lui prend encore, à celui-là ?

BEAU *(montrant le poing au buste de Mouvay).*

C'est de sa faute, à ce cochon-là, tout ce qui est arrivé !... Tiens, salaud !...
(Et saisissant la canne du père Nu-Tête, puis montant sur le piano, pour atteindre le buste, il tape dessus à coups de canne et le brise en morceaux qui tombent par terre.)

POULOT

Le voilà qui casse la gueule au bienfaiteur, maintenant.

Mme BEAU

Faites pas attention : c'est sa crise !

RIDEAU

ACTE V

Même décor qu'à l'acte précédent. C'est la nuit. Une seule lampe est allumée. Il ne reste, dans la salle commune, d'autres traces de désordre que les morceaux du buste renversé.

SCÈNE PREMIÈRE

COLLONGES, HÉLÈNE. (*Au lever du rideau, Collonges est seul et se promène de long en large.*)

COLLONGES (*s'arrêtant quand Hélène entre*).

C'est vous, Hélène ?

HÉLÈNE

Il y a longtemps que vous êtes là ?

COLLONGES

Oui, je vous attendais.

HÉLÈNE

J'étais à côté, chez Rouffieu... Ses enfants sont malades et comme il n'y a plus de femme dans la maison, puisque leur mère est partie, j'ai songé à l'embarras de notre malheureux ami, et je suis venue m'installer auprès d'eux. Le pauvre homme est dans une inquiétude mortelle... Je sors de chez monsieur Alleyras, je l'ai prié de venir, d'examiner les enfants, afin de tranquilliser leur père qui fait peine à voir... Mais, vous aviez à me parler...

COLLONGES

Oui, je voulais vous dire adieu.

HÉLÈNE

Vous partez ?

COLLONGES

Je pars... Ai-je tort ?

HÉLÈNE

Non, puisque c'est le conseil que moi-même je vous ai donné !...
(*Elle se détourne pour cacher son émotion.*)

COLLONGES

Vous pourriez être étonnée que j'aie changé d'avis et que je vous obéisse, car il y a quelques heures à peine, je ne voulais pas partir. Mais après ce qui s'est passé ce soir, ma présence ici n'est plus possible. Du moment que je deviens pour la colonie la cause de tant de troubles, je dois m'en aller.

HÉLÈNE

C'est effrayant ce que je vais vous dire : je suis presque heureuse de cette triste scène qui a modifié vos projets dans le sens que je désirais ardemment.

COLLONGES

Oui, mais les miens seulement !

HÉLÈNE

Que voulez-vous dire ?

COLLONGES

Je vous demande pardon, mais je pensais que cette dernière réunion du conseil de famille avait produit la même impression sur vous que sur moi... oui... enfin que maintenant... peut-être... vous voudriez bien... ou du moins vous ne refuseriez plus de m'accompagner.

HÉLÈNE

Hélas ! mon pauvre ami, je suis fortifiée au contraire dans ma résolution, oui, fortifiée...

COLLONGES

Ah ! je n'ai pas de chance !

HÉLÈNE

C'est surtout à présent qu'on a besoin de moi, ici.

COLLONGES

Qu'à cela ne tienne ! Bientôt, on n'en aura plus besoin.

HÉLÈNE

Bientôt ?

COLLONGES

Mais oui... ne voyez-vous pas que tout se disloque et craque dans la colonie. La bonne volonté de Rouffieu, du docteur et de quelques autres n'empêcheront pas le désastre, la dispersion inévitable... Ça n'est plus qu'une question de temps... quelques mois... quelques jours peut-être... Vous pourriez dès maintenant me suivre sans scrupules.

HÉLÈNE

Croyez-vous que je vais quitter ces petits, au moment où la maladie qu'ils couvent exige de tendres précautions, des soins maternels ?... Ma place est auprès d'eux.

COLLONGES

Leur mère reviendra.

HÉLÈNE

Je ne le crois pas.

COLLONGES

Madame Alleyras est là... elle ne demanderait pas mieux que de...

HÉLÈNE

Sans doute, mais ils ne la connaissent pas comme ils me connaissent. Ils sont habitués à moi, ils m'aiment et vous ne me conseilleriez pas de les abandonner à mon tour, si vous voyiez de quels bras tendus ils m'appellent et me remercient d'être là... vous n'en auriez pas le courage.

COLLONGES

Enfin, vous ne voulez pas me suivre et vous prétendez que vous m'aimez.

HÉLÈNE

Oui, de tout mon cœur.

COLLONGES

D'une partie de votre cœur, seulement. Moi je vous aime et c'est pour ça que je pars ; c'est parce que je vous aime que je renonce à mes idées de résistance et de révolte ; c'est à cause de vous que je veux vivre, et vivre libre ! Mais vous, quel sacrifice me faites-vous ?

HÉLÈNE

Ce n'est pas la même chose. Je peux bien me sacrifier, moi, mais non sacrifier les autres.

COLLONGES

Il ne faut pas non plus que votre sacrifice aille jusqu'à la duperie.

HÉLÈNE

Ne parlez pas ainsi, André, ou bien je croirais que vous êtes incapable d'aimer les enfants des autres, comme vos propres enfants. Voyez-vous, il ne faut pas aimer qu'une seule personne ; le dévouement pour elle n'est alors qu'une manière d'égoïsme.

COLLONGES

De nous deux, c'est vous la meilleure.

HÉLÈNE

Non, car c'est vous qui m'avez enseigné cet amour supérieur ; c'est votre œuvre et celle des plus justes d'entre vous : je ne suis que votre élève.

COLLONGES

Chère Hélène, vous en remontrez à votre maître.

HÉLÈNE

Oh ! je ne prétends en remontrer à personne. Mais parlons un peu de vous. Où allez-vous vous réfugier ?

COLLONGES

En Belgique, sans doute. C'est là que je vous attendrai, car vous viendrez me rejoindre, n'est-ce pas ? quand les enfants de Rouffieu seront guéris, quand tout sera fini.

HÉLÈNE

Oui, quand tout sera fini, j'irai vous rejoindre. Mais, quoi qu'il arrive, votre élève sortira d'ici sans cracher sur le seuil en partant, comme cette malheureuse... Je conserverai de la Clairière le plus tendre et le plus cher souvenir, puisque c'est là que nous nous sommes rencontrés, là que vous m'avez aimée.

COLLONGES

Ah ! Chère Hélène, elle sera partout où vous serez, la Clairière, puisque vous êtes la pitié et l'amour.

HÉLÈNE

Vous l'emportez aussi avec vous, André, car vous êtes la justice et la volonté. Vous verrez qu'un jour nous serons très heureux.

SCÈNE II

LES MÊMES, ROUFFIEU

ROUFFIEU

Monsieur et madame Alleyras sont auprès des petits.

HÉLÈNE

Ah! le docteur est arrivé

ROUFFIEU

Oui... Seulement il m'envoie vous chercher, mademoiselle Hélène... Il ne veut pas de moi... il me trouve trop impressionnable; il dit que vous lui serez plus utile que moi.

HÉLÈNE

C'est bien... j'y vais... A tout à l'heure! *(A Collonges.)* Ne partez pas surtout sans m'avoir revue. *(Elle sort.)*

ROUFFIEU

Ah ! tu t'en vas, toi aussi ? Tu as raison de ne pas attendre les gendarmes.

COLLONGES

Oh ! De toute façon, mon éloignement s'imposait.

ROUFFIEU

Pourquoi ?

COLLONGES

Dame !...

ROUFFIEU

Oh ! ça c'est autre chose.

COLLONGES

Ta femme reviendra...

ROUFFIEU

Je ne le souhaite pas.

COLLONGES

Personne n'a le droit d'être inexorable

ROUFFIEU

Aussi ne le serais-je pas, mais si elle revenait,

l'exemple qu'elle donne à la colonie m'en ferait sortir et alors que deviendrait notre entreprise ?

COLLONGES

Prends garde ! C'est toi-même qui la condamne ; en croyant que nous sommes indispensables à son existence, à sa prospérité, nous nous reconnaissons implicitement investis d'une sorte de privilège ; nous consacrons le principe d'une supériorité nécessaire.

ROUFFIEU

Ou tout simplement d'une impulsion.

COLLONGES

Et nous constatons aussi que nous avons prêché dans le désert, puisque, nous absents, tu crois que nul ne pourrait nous suppléer.

ROUFFIEU

A quoi bon s'illusionner ? Que j'en sorte le premier ou le dernier, la colonie n'en sera pas moins balayée et plus d'un ici ne le regrettera peut-être pas.

COLLONGES

Oh !

ROUFFIEU

Mais rappelle-toi l'histoire des communistes de

Brook Farm. Ils avaient tenté une expérience analogue à la nôtre ; ils y restèrent fidèles, on peut dire par respect humain, mais ils se réjouirent tous lorsqu'un incendie, en consumant la ferme sociétaire, réalisa leur désir secret et les délia d'un vœu trop lourd. Quoi qu'il en soit de nos camarades, le résultat sera le même : demain le gouvernement, s'autorisant de ton insoumission, en profitera pour nous détruire, comme un nid de guêpes.

COLLONGES

Crois-tu donc que si je n'avais pas fourni au pouvoir ce prétexte d'intervenir, il en aurait manqué pour ça ?

ROUFFIEU

J'entends déjà leurs cris de triomphe !

COLLONGES

Laisse-les triompher. Quand même tes craintes se vérifieraient, notre échec ne prouverait rien. Il y en aura encore de glorieux et d'utiles. Est-ce que leurs annales, dont ils sont si fiers, ne mentionnent que des victoires ? Nos défaites à nous ont aussi leur grandeur et leur héroïsme. Rien n'est perdu parce que nous disparaissons ; les belles causes comme la nôtre sont des arbres secoués dont les feuilles bruissent, jaunissent et tombent ;

mais qu'importe s'il en pousse d'autres pour donner encore à l'humanité un peu de fraîcheur et d'ombrage.

ROUFFIEU

Dans l'arbre que nous avons planté, on portera bientôt la cognée.

COLLONGES

Ceux qui se chaufferont avec son bois mort en recevront encore des bienfaits !

ROUFFIEU

C'est la première fois que je t'entends parler ainsi.

COLLONGES

Parce que c'est la première fois que je te vois découragé. Je ne serais pas l'amateur, comme ils disent, si je ne savais pas de chansons ou si je n'en savais qu'une. (*Lui frappant sur l'épaule.*) Allons, ressaisis-toi, mon vieux. Ta défaillance ferait croire que notre action était circonscrite aux limites de notre colonie. Quelle erreur ! La communauté n'est pas un idéal. Ce qui en est un, c'est l'affranchissement intégral de l'individu. La propagande par l'exemple, la meilleure de toutes, il n'est au pouvoir de personne de l'empêcher. Elle est possible partout et je me flatte, quant à moi, d'en donner la preuve, sans le concours d'un Mouvay.

ROUFFIEU

Je me suis laissé prendre à son piège.

COLLONGES

Il est certain que celui-là savait bien ce qu'il faisait, en favorisant un groupement prématuré qui allait nous placer, vis-à-vis de l'État, dans la même situation qu'un propriétaire ou qu'une société industrielle. Aussi, notre camarade, en brisant le buste du raffineur, a-t-il fait le geste instinctif qui convenait pour dégager notre reconnaissance et sauvegarder l'intégrité de nos revendications. Les groupements dont la générosité conditionnelle d'un bienfaiteur fausse toujours le principe s'effectueront naturellement, n'importe où, quand les contrats ne dépendront plus que de la sympathie mutuelle et de l'analogie des besoins. Alors les tentatives semblables à la nôtre se multiplieront, comme ces feux qui s'allument de proche en proche sur les sommets et se répondent.

ROUFFIEU

Ah ! Pourquoi faut-il que tu nous quittes ! Je ne suis pas heureux.

COLLONGES

Tu le seras dans tes enfants.

ROUFFIEU

Alors, tu n'emportes pas de nous un trop mauvais souvenir.

COLLONGES

Je n'ai de rancune contre personne.

ROUFFIEU

Tu as raison, car tout le monde ici t'estimait et Beau lui-même, qui regrette son injustice à ton égard, voulait t'en demander pardon.

SCÈNE IV

ROUFFIEU, COLLONGES, LE DOCTEUR, HÉLÈNE, JEANNE

ROUFFIEU (*allant au-devant du docteur qui ouvre la porte*).

Eh bien ?

LE DOCTEUR

Eh **bien**! mon bon Rouffieu, pour moi, c'est une fièvre scarlatine... l'affaire de six semaines, à moins de complications que je ne puis prévoir... mais je vous réponds que vos enfants ne manqueront pas de soins.

JEANNE

Hélène et moi nous sommes là.

LE DOCTEUR

D'ailleurs, la fièvre est moins forte et nous
avons profité de ce qu'ils sont assoupis, Collonges,
pour venir vous serrer la main une dernière fois,
puisque vous allez nous quitter.

COLLONGES

Oui, quand le jour se lèvera, je serai déjà loin.

LE DOCTEUR

Bonne chance !

ROUFFIEU

C'est à ceux qui restent qu'il faut souhaiter ça.

HÉLÈNE

A ceux surtout qui, comme moi, furent pour la
colonie un sujet de discorde.

JEANNE

Vous, Hélène ! un sujet de discorde ?

HÉLÈNE

Mais oui, si je n'avais pas été accueillie, recueil-

lie à la Clairière, tout cela ne serait pas arrivé..
J'ai été la cause inconsciente de la scène qui a
éclaté ce soir.

Le docteur

Vous êtes venue ici et Collonges vous a aimée...;
vous avez joué involontairement le rôle d'un personnage de roman.

Hélène

Hélas! Ça n'a pas été une idylle, mais un roman populaire avec tout ce qu'il comporte de ri-
valités, de jalousies et de vengeances.

Jeanne

On ne peut pourtant pas s'empêcher d'aimer.

Rouffieu

Une histoire d'amour! Un roman! Voilà donc
ce qui devait faire échouer le beau projet que j'a-
vais si longtemps caressé d'une association de
bonne volonté, de justice et d'entente

Le docteur

Ce n'est pas cela seulement. Si nous faisons
notre examen de conscience, nous avons tous quelque chose à nous reprocher.

ROUFFIEU

Tous, non !... vous et Collonges...

COLLONGES

Oh ! moi, je m'accuse sincèrement d'avoir introduit dans la colonie le pire des éléments de dissociation : le Doute.

ROUFFIEU

Oh ! ça je te l'ai toujours dit.

COLLONGES

On avait raison de me traiter d'amateur. Amateur, je l'étais, en effet, du moment que je n'apportais pas avec mon concours loyal, la conviction indispensable pour qu'un dévouement soit fécond.

LE DOCTEUR

Nous avons aussi, Jeanne et moi, notre part de responsabilité. En venant nous installer à la Clairière, nous avons eu peut-être l'air de bienfaiteurs. Quand je mettais ce que je sais au service de tous, quand je donnais à nos camarades d'affectueux conseils, ils ont pu croire que je voulais les diriger, que je leur faisais la leçon. Et puis, je causais plus volontiers avec vous Rouffieu, et avec Collonges, qu'avec Bougoin et Poulot... Ceux-là encore sont de braves gens ; mais d'autres, même

sans se l'avouer, se formalisaient de ces conversations et de notre intimité.

JEANNE

Une même sympathie m'avait attirée vers vous,
Hélène. Certes, j'étais disposée à aimer également
toutes mes compagnes et pourtant, j'avais plus de
plaisir à me trouver avec vous, chère amie, qu'a-
vec madame Beau ou madame Ménessier : elles
en ont conclu naturellement que nous les dédai-
gnions.

LE DOCTEUR

Et, d'un autre côté, on ne commande pas aux
affinités : ceux qui avaient la même qualité d'âme
se sont reconnus et avec nous, la comparaison est
entrée ici.

COLLONGES

Vous êtes trop sévère pour vous-même, monsieur
Alleyras : fallait-il donc qu'en quittant notre seuil
vous oubliiez tout à coup ce que vous saviez pour
descendre à notre niveau? Non, non! tant pis pour
les ignorants envieux ! Et pour que nos camarades
n'en prennent pas d'ombrage, devions-nous renoncer à l'amour, à l'amitié, aux sympathies même ?

LE DOCTEUR

Y renoncer, non, loin de là, mais fondre tous

ces sentiments humains dans un sentiment supérieur, l'amour de l'humanité, dont bien peu mal-
heureusement sont capables !

ROUFFIEU

Quant à moi, si j'ai eu tort, c'est peut être, dans
l'organisation de la Société nouvelle que je rêvais,
d'avoir attaché trop d'importance aux seules
questions de production, de consommation et
d'échange.

LE DOCTEUR

Oui, vous ne voyiez dans cet essai que la satisfaction des besoins immédiats : la nourriture, le
vêtement, l'abri : l'homme ne vit pas de pain seulement.

ROUFFIEU

Oh ! j'y voyais autre chose encore : la plupart
des révolutions avortent faute de préparation pratique et d'expériences pouvant servir de base à un
renouvellement social. En faisant une de ces expériences, j'espérais faciliter l'avènement du prolé-
tariat.

LE DOCTEUR

A ce point de vue, vous pouvez vous féliciter.
Vous comptez à peine deux ans d'existence et ce
n'est pas seulement Hélène, Jeanne et moi qui

sommes venus à vous : les gens de Villiers, après vous avoir considéré comme des agitateurs dangereux, ont accueilli vos avances et répondu à vos désirs. La femme dont vous avez habillé les enfants, le camarade auquel vous avez rendu service, vous ont offert leurs loisirs, apporté le dimanche le travail de leurs bras. Vous avez défriché cette population inculte ; vous avez montré de quoi est capable l'action consciente de l'homme sur un milieu cultivé non plus par intérêt mais par affection. Vous n'envisagez, mon cher Rouffieu, que les résultats obtenus ici, à la Clairière... Tournez les yeux vers les petites clairières que vous avez ouvertes dans tous les bois environnants... c'est assez pour que vous soyez fier de votre œuvre.

ROUFFIEU

Oh! fier d'une œuvre qui va trébucher sur une misérable intrigue!

LE DOCTEUR

Allons! il ne faut pas non plus réduire la question sociale aux proportions d'une pauvre petite histoire d'amour. Si vous avez manqué de prévoyance, c'est plutôt en réunissant des individus qui ne se connaissaient pas ou qui se connaissaient mal et qui ont été peut-être tout étonnés à un moment donné de se voir ensemble.

ROUFFIEU

Ils n'auront plus longtemps cet étonnement. Avant peu sans doute, nous serons traqués, dispersés.

COLLONGES

Ne nous plaignons pas d'attirer l'attention sur nous. Si l'on nous persécute, c'est que nous existons. Exister, graver des faits dans la mémoire des hommes, à côté des systèmes et des formules qu'ils ressassent, tout est là !

LE DOCTEUR

Vous le disiez vous-même naguère, mon cher Rouffieu : le peuple est encore un petit enfant. Or, quels sont les livres de notre jeunesse dont nous gardons le plus vif souvenir ? Ceux qu'illustraient des compositions le plus souvent naïves, maladroites, mais sincères... Nous avons montré au peuple une image... il se souviendra mieux de nous.

ROUFFIEU

Une image et c'est tout !

COLLONGES

C'est tout et ça suffit pour le moment. Reste à tirer cette image à des milliers d'exemplaires ; c'est le devoir de chacun d'entre nous.

LE DOCTEUR

Ne vous attardez pas, mon cher Collonges, si vous voulez gagner le large avant la pointe du jour.

COLLONGES

Oui, je m'oublie.. (*Souriant*) Excusez-moi, je ne pensais pas que le conseil de famille se réunirait une dernière fois avant mon départ. J'en profite pour apporter devant ceux que j'estime et que j'aime le plus un engagement formel. (*Montrant Hélène.*) Voici celle que je choisis pour ma compagne. J'emporte, en m'en allant, sa promesse de me rejoindre, dès que les liens moraux qui la retiennent ici seront tombés d'eux-mêmes.

HÉLÈNE

Je tiendrai ma promesse... mon cœur vous en donne l'assurance... Où que vous alliez, j'irai.

COLLONGES

Et moi, en quelque endroit que je me réfugie, je vous attendrai. (*Ils s'étreignent.*) Au revoir, mes amis. (*Il donne une poignée de main au docteur et à Jeanne.*)

ROUFFIEU

Tu trouveras ma bicyclette sous le hangar...

Prends-la... Au lever du soleil, tu seras déjà presque hors d'atteinte. Allons, dépêche-toi. Tu n'as plus besoin de rien ?

COLLONGES

Hélène dans ses lettres me parlera de la colonie... Si tu pouvais, de ton côté, m'en donner des nouvelles... de temps en temps.

ROUFFIEU

Je te promets de t'en donner... mais tu m'auras vite oublié.

COLLONGES

Tu te trompes Rouffieu ; on n'est jamais qu'à moitié séparé les uns des autres, quand on reste fidèle aux idées qu'on a aimées ensemble.

ROUFFIEU

Allons, au revoir, mon vieux. *(Ils s'embrassent.)*

COLLONGES

Au revoir, camarade.

HÉLÈNE

Télégraphiez-nous dès que vous serez arrivé. *(Collonges sort, Hélène l'accompagne.)*

LE DOCTEUR

Et maintenant, Rouffieu, retournons auprès des enfants !

ROUFFIEU

Vous les sauverez, n'est-ce pas, monsieur Alleyras?

LE DOCTEUR

Je crois bien. Nous aurons besoin d'eux.

RIDEAU

Châteauroux. — Typ. et Stér. A. MAJESTÉ ET L. BOUCHARDEAU, A. MELLOTTÉE, successeur.